はじめに

その悩みにどう向き合うか。

人生はこの「課題」の解消に大半が費やされます。

臨床医として長年、さまざまな医療現場に携わる中で見てきたこと、あるいは感じたことが、人々の「悩みとの果てしない闘い」でした。悩みには一つとして同じものがありません。同じように見えて、どれも違う性格をしています。

自分は病気になるのか、自分の死に場所はどこになるのか、いつ死ぬのか……、そういう漠然とした不安を抱えて悩んでいる人も多いでしょう。悩みの幅と深さは人それぞれで違いますから、そんなことで悩むなと一方的な言い方はできません。でも、あれこれとよからぬ想像をめぐらす余裕があるのなら、いつ来るかわからない不安ではなく、「すぐにやれる（行動できる）楽しいこと」を想像してみてください。

重い病気になろうとなるまいと、私たちは遅かれ早かれ死ぬのです。自分がいつ他界しても悔いが残ることのないように毎日を生き切る。

これが私の言う心がまえです。その気持ち、つまり「決意」が自分の中に生まれたなら、「だったらもう少し、この世界で生きてやろう」という強いエネルギーが自然と生まれます。人間は意外と強いものなのです。

生き切るという意味では、人生の長さは問題ではありません。百歳で大往生した老人が称賛される一方、十歳の誕生日を迎えることなく亡くなった子どもには憐《あわれ》みが向けられる、これは大変おかしな話です。そもそも人生の価値は生きた長さで判断されるものではありません。短くとも人生を生き切った人にも「本当にお疲れさまでした」と労《ねぎら》いたいものです。

死は生物としての宿命ですが、死は同時に私たちの「次の生」のための出発点です。私たちの本質である「魂」は永遠不変の存在であり、肉体が滅んでも私たちの本質が滅びることはありません。

とは言え、今回の人生はこれっきりです。

次回はまったく違う人生を歩くことになります。そう考えると、今回の人生でやっておきたいこと、やるべきことが、皆さんそれぞれに浮かぶのではないでしょうか。悩みというのは、人生の途上で出会う私たちが解消（解決）しなければならないテストのようなものです。

悩みと上手に付き合いながら、今を楽しむ。今を楽しむことで、生きていることを実感する。これが人生で最も大切なことです。人生の醍醐味《だいごみ》と言っていいでしょう。「悩まない」というテーマは一見、「言うは易《やす》く行《おこな》うは難《かた》し」のように思われるかもしれませんが、実は誰にでも容易にできると思います。

あたりまえのことを、今さらながらやってみる。たったこれだけで毎日ががらりと変わることでしょう。

矢作直樹

悩まない／目次

第一章 持たない

第二章　こだわらない

第三章　思い込まない

第四章 心配しない

第五章　悩まない

第一章

持たない

物を持たない1

物が多くなると、不自由になる

私たちはなぜ、物を持つのでしょうか？　もっとわかりやすく言うと、なぜこれ以上、さまざまな物を購入しようとするのかということです。なぜ買うのか？　今ある物で十分ではないですか？　なぜ十分ではないと感じてしまうのでしょうか？

私たちの脳には「物質幸福主義」が刷り込まれていませんか。物を買い、物に囲まれた豊かさこそが究極の幸せであると錯覚させられてきたからなのではないでしょうか。近年、捨てることの重要性を説く人が次々と登場していますが、そもそも物を持つことに執着心や幸福感がなければ、こういうことは話題にならないと思います。

物が増えると一時的に愉悦《ゆえつ》を覚えると思いますが、それは次第に雑念や邪念を持つことになります。もっと買わなければ、もっと人が持っていない物が欲しい、もっともっととという病《やまい》に憑《と》りつかれるのです。いろいろな物を持つことで自分が人並み、あるいは平均よりも少し高い所に位置したように錯覚しますが、そもそも人並みとか平均という実証データは存在しません。

よく商品に関する購買力や購買層に関する統計値が出ることがありますが、サンプル数（調査回答数）を見ると、たったこれだけの人数しか調査していないのに、いかにも国民全体を象徴しているかのようなデータとして発表されています。私たちはそこで強調される数字（％）に囚《とら》われているにすぎません。多くの企業は自社製品を持つことでステータスを高めましょうと喧伝《けんでん》しますが、見た目よりも中身が重要であることは、人生はエピソードがすべてであるという事実を理解できる人なら説明は不要ではないかと思います。

物が多いと暮らす面積が減ります。自由に動けるスペースがなくなるのです。私の持っているものと言えば本くらいしかありません。確かに本の整理はやらなければいけないないとは思いつつ、皆さんが必要とするほとんどの物にはあまり関心がありません。

私は都心に住んでいるので、自動車を持っていません。自転車でどこにでも行けるからです。自動車の所有には購入代金以外にさまざまな維持費がかかりますが、自転車はその点、とても楽です。自動車のほうがこがなくていいだろうと笑う人がいますが、自転車をこぐことで健康にも環境にも寄与します。自転車は長距離だと時間がかかるだろうと言う人もいますが、そんな長距離なら鉄道を利用すればいいだけです。風を肌で感じ、景色を自由に楽しみながら運転できる乗り物は最高です。また、メンテナンスさえしっかりやれば、自転車は長持ちします。

私は自宅もありません。現在も一年中、大学病院内の研究棟の自室で過ごしています。部屋が狭いので、ブランド品や部屋に飾る調度品もありません。身に付けるものは機能性を重視している以外はどんな製品でもかまいません。

ただし、本に関しては今後も増えると思います。所有することにこだわるわけではありませんが、手元にあると便利だからそばに置いているというだけです。多くの知識を満たしてくれる手前、こればかりはやめないと思います。私の死後はどこかに寄付しようかなとも考えています。そういうことをリビングウィル（生前の意思）として残しておけばいいだけです。

物を持たない*2*

必要な物、不要な物の分類から始めよう

若い頃から、私にはそれほど所有欲がありませんでした。

もっとも、やらなければならない仕事が多いせいで、仕事に打ち込まざるを得ず、何かを所有することなど考える暇がなかった、ということもあるかもしれません。とにかく、仕事以外のことに関心がなかったのです。

しかし、私の所有欲のなさが決定的になったのは、母の他界の際です。

父の死後、自宅を出て一間のアパート暮らしをしていた母は、「必要ないのよ」というのが口ぐせで、部屋の中には本当に何もないという生活をしていました。その母が亡くなった時に気づいたのです。ああ、これでいいんだなと。質素というか、とても楽でいいな

あという実感がより強くなりました。当然ですが、亡くなってしまうと、あの世には何一つ持っていけません。母の五年と三カ月の一人暮らしも後始末が簡単で、たった一日で終わりました。

私たちがあの世に持っていける財産、それはこの世での〝エピソード〟です。

生まれてから死ぬまでに経験したさまざまな出来事とそれに対する自分の感情、あるいは反省、さらには行動など、人生はエピソードがすべてだと感じています。本来、エピソードには良し悪しがありません。優劣をつけるものでもありません。

私たちが常識と呼ぶものが時代によって様変わりするように、良し悪しは人間が勝手に決めていることです。本当はその出来事に直面した時の感情が大事なのです。その時に何を感じたのか、感じて自分がどう行動したのか、それが重要というわけです。

物にはいろいろな思い出があるでしょう。だから私が「全部、捨ててしまえば」と簡単に言えない部分もあります。それでも身辺整理の一環として「必要な物、必要としない物」の分類から始めてはいかがでしょうか。

身辺整理は執着との闘いですが、それを克服しないとこの世に未練を抱えたまま最期を迎えることになります。変な言い方ですが、しっかり成仏したいと思うなら、物への執着を少しずつ薄めるしかありません。

まずは少しずつ、もう不要だな、もう卒業したな、と思える物から手放してみましょう。これが定期的なサイクルでできるようになるといいですね。

人は皆、もとは一つの魂

コンプレックスを持たない

生きることはコンプレックスとの闘いとも言われますが、コンプレックスは持たないに越したことはありません。それはわかっているけれど、はいそうですか、では全部捨てますねと、簡単に捨てることのできないもの、それがコンプレックスです。

コンプレックスとは、ありていに言えば「見劣り感」でしょう。自分と誰かを比べた時に、自分にないものを相手が持っているのが悔しい、腹立たしい、悲しい、そんなマイナスの感情こそコンプレックスを構成する主成分です。

これは「分魂《ぶんこん》」という意識が身につけば、そう難しくなく氷解する問題だと思います。

神道の世界では「分け御霊《みたま》（分霊《わけみたま》）」とも呼ばれますが、分魂というのは私たち人間が皆、たった一つの大いなる存在から分け出でたものであること、その存在を表す言葉です。つまり私たちは、もとをたどれば皆、同じ一つのものに行きつきます。そこから魂として分かれてこの世に生まれ、それぞれに人生を謳歌《おうか》する、これが人間というわけです。だから私たちは仲間であり、同じ存在であると同時に、違う存在です。要するに、同じ魂という存在でありながら、この世で人間という修行をする際には見た目の違う存在になるというわけです。

この世界ではそれぞれ違った顔、性格、人生をまとっていますが、それは学びを得るために必要な方便であり、私たちは根っ子が同じ仲間なのです。精神世界の用語ではそれを「ワンネス」と呼ぶことがあります。これには神という存在も例外ではありません。神も私たち人間も、もとはすべて同じものだったのです。だから私たちが良心や直観を感じる時、それはすなわち私たちの中にある神を感じていることになるのです。

そんな非科学的なこと、オカルトな話は信じられない、というような唯物論というか物質優先主義で考えるから、コンプレックスで自分を苛《いじ》めることになるのです。個別意識はこの世で学ぶ上では不可欠ですが、これが強く出ると、「なぜ自分だけ」という被害者意識が前面に出てしまいます。

よく、「あいつにできて自分にはできない」と悔しがり、その人が自分の能力を超えているという事実に気づかずに強い執着を持ってしまう人がいますが、そもそも執着そのものが分離感からくる必要のない感情だとわかれば、逆に「自分にできないことをあいつがやってくれているのだ」という気持ちが芽生えるのではないでしょうか。

人の活躍を耳にするたびに、大きなため息をつく必要もありません。自分ができないことをその人がやってくれたわけですから、自分の代わりに頑張ったその人に、素直に「よくやってくれた」と拍手を送ればいいのです。それぞれのフィールドで生きることを楽しめばいいのです。

ちなみに、私たちが今、現在に生まれてきて同時期の同じ空間に存在しているのにも、意味があります。

「木の葉一枚落ちるのも神は知っている」という言葉があるくらいで、要はすべてのことが偶然ではなく必然なのです。たとえば、渋谷のスクランブル交差点を同時にわたる人々も、すべては必然だと考えることができます。それに本人たちが気づいていないだけです。

私たちにできることは限られます。限定されるけれども、その範囲で全力を尽くせばいいのです。その時に「身の丈を知る」「分相応」という言葉を感じながら行動すると、そこに品格が生まれます。これがその人の意識を進化させる力です。

もっと言えば、「足《た》るを知る」ことで分離感に囚《とら》われている自分に気づくことができるでしょう。雨露をしのげる部屋で寝起きができ、毎日食べることができる、そういった生きていく上での最低限の条件を満たした状態で、あれをやりたい、これをやりたいという願望を持っているわけですから、それは贅沢《ぜいたく》ではないでしょうか。

足るを知る。

飽食の時代に言葉だけがポツンと取り残されたような感がありますが、私たちはこの言葉に重きを置きながら、人生を振り返る必要があります。

悪口を言う人の仲間入りをしない

嫉妬心を持たない

「比べる」ということにはある種の価値があります。他人と自分はこういう点で違うのだと確認するために必要、という意味での価値です。これが「人それぞれ」という言葉の真意です。でも、そこにマイナスの感情を持ったり、逆に妙な優越感を持ったりすることは不要です。

特に人間関係において、コンプレックスは異様なまでに活発化します。人類の歴史は「嫉妬の歴史」とも言われるように、私たちは他者を必要以上に意識します。分魂という意識を理解しないとやむを得ないことかもしれません。

嫉妬心はコンプレックスから生まれると思います。必要以上に相対感を持つことで相手に攻撃的な感情を抱き、最終的にはおかしな行動に出てしまうことで、人間関係は確実にこじれます。

嫉妬深い人はどこにでもいます。残念ながら、そういう人が持つ歪《ゆが》んだ感情は自身で断ち切るしかありません。相手の気持ちを自分がいかに踏みにじっているかに思い至る、その上で反省する、反省を踏まえて自分がコンプレックスを持つ必要がないのだと理解する、これしかありません。

そして自分がそういうマイナス感情の渦に巻き込まれたくなければ、嫉妬深い人との交流を断つことです。

いいなあ、と憧れる気持ちは大事です。憧れる気持ちは前向きなエネルギーであり、コンプレックスではありません。そんな生き方をしたい、そんな考え方をしたい、そう感じたのであれば「今」をもっと大切にしてください。

コンプレックスは見劣り感と述べましたが、見劣り感は「過去（の時間）に対する後悔」とも言えます。過去を後悔するほどバカバカしいことはありません。そうではなく、私たちは「今を生きている」のです。だったら今をもっと大事にしませんか。

ちなみに過去にこだわる人は、愚痴をこぼす、人の批判をすることが割と好きな人たちかもしれません。そういう場にいて楽しくて仕方がないというのならかまいませんが、どうにも違和感があるなら付き合いをやめること。不本意に思っているのなら、あなたがその仲間入りをすることはないと思います。

今を大事にすれば、未来はどんどん変わります。一期一会の気持ちで毎日を過ごせば、自分が目標とすることに近づけます。その結果、頑《かたく》なに握りしめていたコンプレックスが消えてなくなることを実感できるでしょう。

予断を持たない*1*

虚心坦懐に見る、考える

どんな場面であれ「予断」を持たないようにしたいものです。

予断とは事前の判断（予測）です。物事を判断する時には、その場における最大級の素材、つまりできるだけ多くの判断材料が用意されることで正確な判断になりますが、そこまでの環境レベルになって初めて、さまざまな情報がインテリジェンス化されて使えるわけです。つまりそこに至らない環境レベルであれば、下された判断がとんでもないものになる可能性も否めないということです。

医療現場はその典型です。診断に必要な複数の検査という機会を持ち、あらゆる方面から採取したデータをもとに治療方針を決める、これがＥＢＭ（根拠に基づく医療）です。

虚心坦懐《きょしんたんかい》に見る、考える。私はこれこそどんな時代や状況でも科学の基本だと考えます。これ以外に事象を正確に判断することはできません。つまり最低条件です。

特に私がいる救急医療部門は、限られた時間内でやることを要求されます。おそらく、普通の方が想像する以上に込み入った労働現場です。ただしプロとして飯を食う以上、それをこなす義務があります。そんな状況で予断を持つと、治療があらぬ方向に行きます。

時間との競争もあります。慢性期医療、つまりある程度の時間がある治療ならともかく、急性期医療には時間がありません。時間と物理的な判断、そこに焦りが出ると赤信号が点滅します。誰も幸せにならない結果はそういう状況で起こる可能性が高いのです。かつて東大病院の救急システムが根本から見直され、再構築された背景にはそれがありました。

私は平成十一年に東大工学部精密機械工学科の教官に着任しました。胸部外科の非常勤講師という立場でしたから、学生や若い医師と接触する機会が多かったのですが、そこで判明したことに私は驚きました。

「自分の身内は東大病院にだけは絶対に入れない」

そう明言する人がかなりいたのです。自分の働いているところに矜持を持てないというわけです。本当に困ったものだと思いました。仮にも自分の職場です。たとえるなら食品会社に勤める人が家族や友人に「うちの商品だけは絶対に食べるな」と言う、自動車会社に勤める人が家族や友人に「うちの車にだけは絶対に乗るな」と言うのと同じ状況です。

当時の医療界全体を見回すと、救急医療に対するある種の疎外感があったことも事実でした。救急患者に対して各部門の医療スタッフが共同で診療に当たる体制や、そのための仕組みがありませんでした。

大学内でのさまざまなやりとりの末、私は平成十三年に救急部へと異動することになりました。その年の秋には新しい病棟がオープンし、新たに私の管轄となったＩＣＵ（集中治療室）も動き始めました。このＩＣＵがうまく機能し始めたことがすべての始まりでした。容体の厳しい患者さんや急変した患者さんをＩＣＵで治療するうちに、救急外来や他部門の協力を円滑に得られるようになったのです。

救急患者さんの中にはかなりの割合で各科の「受け持ち患者さん」が含まれます。ＩＣＵが動き始めたことで、各科の医師たちが当事者意識を持って救急患者さんに接することができるようになったのです。こういった時間がかかるけれども目に見える成果の積み重ねによって、東大病院は平成十六年に「コード・ブルー」（院内緊急コール体制）を敷くことができたのです。

平成二十一年には三次救急医療に加えて総合救急診療・教育を一部スタートしました。この仕組みが予断を持たないためのサポート・システムです。救急外来を訪れる患者さんは、どういう疾患が複合しているのかわかりません。そこでまず総合的に患者さんをチェックし、その結果を見てから各専門科に相談することでマルチな対応が可能となったのです。この仕組みで勝手な判断が抑えられ、より多くの情報をもとにした分析が可能となったのです。

ちなみに平成二十五年度からは、この仕組みが三六五日・二十四時間体制で可能となりました。こうした仕組みが広がることで、将来的には少ない医師で効率的に医療を提供できるのではと感じています。

予断を持たない2

予断を持たせない仕組みが必要

前述した東大病院で構築された救急診療体制の仕組みは、一つの試金石です。つまり「予断を持たせない」状況の実現です。

なぜそこまで仕組み作りに注力したかと言えば、そこには医師特有の固定観念が関係します。閉じた世界で働く人間には、どうしても場合により思い込みが入ります。医師は経験で判断しますが、時にその経験知が邪魔します。経験は予断を持つことと裏腹な関係なのです。だから経験が乏しい医師やスタッフでも大丈夫なような仕組みが必要なのです。つまり、誰がやってもある程度は間違わないようにするということです。救急医療の標準化、仕組み化の大きな目的はそこにあります。とにかくまず命を守ることが必須条件だからです。ある種のフェイル・セーフ（被害を最小限度に抑える工夫がなされた設計）です。

しかし、世の中にはシステム化、マニュアル化が難しい仕事がたくさんあります。そこでどう予断を持たずに解決するか、取り組むかが重要です。

金融系のアナリストがマーケットリサーチをする時に必ず邪魔するのが、過去の経験知だそうです。気象予報士の世界でも同じような話を聞いたことがあります。いずれも二十四時間休まずにスーパー・コンピュータにデータの解析処理をさせていますが、膨大なデータを演算処理するにもかかわらず明確な解答が出ません。その結果、過去の経験知だけで判断してしまう、つまり予断を持ってしまうことがあるわけです。

世の中を見回すと、不祥事などで目につくのが、情報を収集する部分での仕組みが弱いまま、一部の人間が勝手に判断してしまうケースです。まさに予断が悪い結果を招いた見本です。

自分がイライラする状況を知っておく

不満を持たない1

大なり小なりの不満を持つことは誰にでもあることですが、これを手放すことはなかなか難しいかもしれません。医療の現場で言えば、心身の不調に対する不満であり、医師の見立てに対する不満であり、そこから周囲や世の中全体に対する不満に発展します。

病気になりたくないと思っていても、残念ながらなる時にはなります。そこで開き直って治療に前向きに取り組めればいいのですが、どうしても「自分ばかりがなぜ」とマイナスの感情を広げてしまい、結果として不満が爆発してしまうわけです。

不満は見劣り感であり、見劣り感は相対的な感情です。誰かと自分を比べた結果として生まれるマイナスの気持ちです。

自分ばかりがなぜという感情は、周囲との比較思考で生まれます。見劣り感を持ち、過去を悔いている状態ですが、病気の原因は普段の生活習慣以外の部分でも生まれますから、それまでの自分や周囲を責め立てることはないのです。だからできるだけ今を大切にする、それが結果的に良い未来を作ります。

このことは病気になった時だけに限りません。人は常にイライラの因子を抱えているものだと思います。それを爆発させせないためには、自分がイライラするのはどういう時かを事前に把握しておき、その状況を意識することが大切です。意識することで意図的にその状況を回避できるからです。この分析は「自分を経営する」という意味で重要です。自分は自分にしか経営できません。逆に言えば事前に適切な情報をインプットしておくことで、それまでとは違う進化した自分を経営することができます。

さらにアドバイスしたいことが自己暗示です。自己暗示には大きなパワーがあります。古来、「神は乗り越えられない試練を与えない」と言われてきましたが、この言葉は真実だと感じます。それを潜在意識化するくらいにまで自分に叩き込むのです。騙《だま》されたと思って一度、やってみてください。後悔はしないと思います。

不満を持たない2

あるがままを受容する

不満を持っている人には共通項があります。寂しさです。

話を聞いてくれない、相手にしてくれない、聞き流される、無視される、情報を交換してくれない……、寂しさは放っておくと膨張します。まるでモンスターのようになったクレーマーが社会問題化していますが、最近では特に中高年層のクレーマーが増えているそうです。寂しい、取り残される、どこかにそういう感情があるのでしょう。

クレームは話を聞いてくれないという状況に不安を感じて自らの不満が高まった結果ですが、そんな状況は自分だけではないという現実を意識することも必要です。自分がクレームをつけている相手も仕事でいっぱいいっぱいな状況だという現状を想像することなく、我《われ》が、我がと文句をつければ、やればやるほど相手が近寄らなくなることは明白です。

誠意を持った上で説明する、話を聞く、ということはもちろん大事ですが、逆の立場にある人も最低限の想像力を働かせることが大切です。子どもではないわけですから、誰にでも不満をぶつければいいというわけではありません。

読者の皆さんもさまざまな組織に属していらっしゃる（あるいは属していた）と思いますので、すぐに理解されると思いますが、人はできることはできるけれど、できないことはできません。できる、できないという言葉を「やりたい・やりたくない」と置換してもかまいません。

何をあたりまえなと笑うかもしれませんが、それは最も大事な方程式であり、その事実を忘れるから不満が高まり、争いごとが絶えないのです。私もこれまで勤務した数々の現場でいろいろと味わいました。

まずはその方程式を理解することが大切です。頭で理解するのではなく、実感することです。それが不満を解消するためのポータル（入り口）であると同時に、自分が納得するための最大の近道です。

あきらめや諦念《ていねん》という境地、または受容という状況に近いのかなとも思います。言い換えれば、「あるがままを受け入れる」という心境です。受け入れないと、相手の持つ良い部分さえも見落としてしまいます。

本来は、そういう教育を幼少の頃から施《ほどこ》すべきなのでしょう。この社会はジグソーパズルのようなものであり、ピースの形はそれぞれに違うけれど、皆に居場所があり、全部が組み合わさると一つの絵ができるのだ、という基礎的な教育です。その結果として世間が成り立っているのだと教えることが、勉強を教えることよりも先ではないのでしょうか。

想念というパワーを活用する

負の想念を持たない

「こうなったらいい」というプラスの想念、つまり「願い」にはある種の見えないパワーが宿ります。願いには皆さんが想像する以上に強い効果があるのです。それが最も顕著に表れるのがリハビリです。本人が自分の体を回復させようという強いビジョンを持つことで、身体機能は着実に回復へと向かいます。一見すると不思議ですが、「エネルギーの循環」という仕組みを理解できれば腑《ふ》に落ちると思います。

意識や思いというのは、一種のエネルギーです。

エネルギーは外側からもたらされることもあれば、自分の内側から生まれることもあります。エネルギーはさまざまなものに対して、プラスにもマイナスにも作用します。同じエネルギーは引き合い、違うエネルギーは反発し合います。

古来言われる、「思ったことは実現する（願えば叶う）」という言葉の真意は、強く思ったビジョンやイメージが意識エネルギーとなって内側にも外側にも放たれた結果、自分も周囲もそのエネルギーに影響されて動き始め、実現する方向に近づくということです。私たちは毎日、さまざまなエネルギー交換を無意識のうちにしているというわけです。

その際、こうなったらいいな、ではなく、「こうなりました。ありがとうございます」と完了形で願うといい、と発表した人がいます。東大医学部を卒業後、都内で五十五年間クリニックを開業されていた塩谷《しおや》信男さんです。塩谷さんはそれを「自在力」と名づけましたが、想念の持つ強いパワーを熱心に研究されていた先達《せんだつ》でもありました。

何かを願う時には、成功した、成就した、と確信していることが必要です。つまり、完了形で「できた」と思えば、それはできるのですが、「できるように」と思ってしまうと、できない、ということです。最近よく見かけるようになった「引き寄せの法則」も、これと同じことを言っています。

塩谷さん同様、私たちも想念のパワーを活用すべきだと思います。

その際に気をつけたいこと、それは想念が負の方向へと向かうことです。マイナスのエネルギーとも言われますが、特にちょっとした心配事が徐々に大きくなる、ついには深刻な悩みと化すことは避けたいものです。

そもそも心配事の大半は実際には起こらないものです。

日本人は特に心配性ですから、起こりもしないことを思い悩む悪いくせがあります。そこにエネルギーを使うことほどバカバカしいことはありません。そのうちにストレス化し、人はうまくいっていたことまですべてのバランスが崩れます。バランスが崩れ始めると、人はさらに悪い方向をイメージしますから、それが悪循環となり、負の連鎖が始まります。

良い意味でのイメージングは気持ちのいい生活を送る上で必須ですが、悪い方向には想像しないことです。仮に世の中の大勢の人が悪い方向に考えると、潜在意識（集合無意識）に影響し、実際に悪い現実を引き寄せることになります。エネルギーの循環は良くも悪くも現実に作用することを忘れないでください。

心配しないことに加えて、焦《あせ》る必要もありません。

リハビリに限らず、焦るとろくなことになりません。そういう状況でじっくり慎重にと説いても難しいかもしれませんが、変調をきたしている時こそ落ち着いて行動すべき時なのです。

突然の発病、仕事の不調、家庭の不和、友人との仲違いなど、焦りの原因はさまざまありますが、そこには「いったん休止」という目に見えない力が作用しているとも考えられます。つまり自身の体と心が「休め」と言っているのです。そういう時はあれこれ悪いことばかりをイメージしがちですが、とにかくいったんゼロの状態になって受け容れることが肝要です。

さらに大事なことは、誰かを恨むようなことはしないことです。もちろん、自分自身を恨んだりもしないでください。そこに至るまでの間に数えきれないほどの要素が複雑に重なって、そういう結果となったのですから、そもそも誰も悪くはないのです。

ちなみに、誰かを恨むなどといった負の想念を送ると、その念はエネルギーとして同じ大きさで自分に返ってきます。エネルギーは同じ性質の周波数（波動）がある場所へと戻るのです。これは返り念、返り霊《だま》とも言われます。最近、あまりいいことがないと感じている人は、自身のこれまでを一度振り返ってみることをおすすめします。

余計な考えは何かに熱中することで消えていく

欲を持たない

欲のコントロールが上手にできないと、人生の節目で必ずボロが出ます。名誉（名声）欲、金銭欲、性欲、出世欲、物欲、権力欲……、人生にはさまざまな欲望が次々に登場します。

人間は弱い生き物です。つい魔がさして、ということも往々にしてあります。強い信念を持たないと、その場の雰囲気に呑《の》まれて不本意な行動をしてしまうことにもなりかねません。精神統一で自制心を養えばいいとする識者もいますが、言うは易《やす》し、そういうことは万人がすぐにできるものではありません。

私が欲のコントロール法としてことあるごとに提案しているのは、自分が好きなことに熱中する、のめり込む、ということです。仕事が好きなら一番いいのですが、趣味や運動など、あるいはちょっとしたことでもいいので、何か夢中になれるものに集中することが一番です。なぜなら余計なことを考えなくなるからです。

好きなこと、夢中になれることで世間的な有名人になれれば、それはそれで面白いかもしれませんが、大半の人はそういうことが目的ではなく、ただ好きだから、熱中できるからやっているだけでしょう。夢中になっている間は時の経つのも忘れ、本当に必死です。無我夢中という言葉がぴったりです。私が先ほど挙げたさまざまな欲望など、その状態で頭に浮かぶことはありません。

何かに熱中して忙しければ、悪いこともしません（もちろん、例外はいるでしょうが）。「小人閑居《しょうじんかんきょ》して不善を為《な》す」という言葉があります。儒教・経書の一つである『大学』（四書の一つ）にある言葉ですが、普通の人間は暇を持て余すとろくでもないことを考えたり、しでかしたりする、という意味です。逆に忙しければ悪いことを考える余地などないのです。

もちろん、人の欲が消えることはありません。私も欲を否定しません。

でも、そこで知っておいてほしいことがあります。それは、やましさのない欲ならば発露したほうがいいけれども、やましさを覚えるものならば自分でコントロールする必要がある、ということです。

何かを知りたいという根源的な欲求は、自らの探究心や向学心を高める正当な欲望ですから、これは大いに発揮したらいいと思います。しかし誰かを貶《おとし》めたい、誰かを踏み台にして稼ぎたい、そういった欲望はやめておけ、というわけです。返り念を浴びてから後悔しても遅いのです。

純粋な欲、つまりそのことが好きであるというエネルギーは、その人を強く動かす力です。医療現場に当てはめると、患者さんや家族の笑顔を見たい、感謝されるとうれしい、そういうプラスの気持ちが原動力となります。

また、逆説的ですが、普段から「あまり期待しない」ことも欲のコントロールには有効です。人間には他者から何かをしてほしいという欲があります。あるいは承認してほしいという欲求もあります。

残念ながら相手のあることですから、いつでも自分の思った通りにはいきません。だから、あまり期待しないことです。もし何かしてもらえば幸いだというくらいに考えておけばいいのです。

さて、それでも歪《ゆが》んだ欲望が頭をもたげた時には、どうするか。

それには「ヘトヘトになる」ことが意外と有効です。農業や漁業に従事されている方、何らかのスポーツをされている方ならその意味がおわかりでしょうが、人間は肉体的な疲労がくると多くの欲望が消えるようにできています。いわば、肉体を動かすということは一つの没我《ぼつが》の境地に至ることでもあります。

手っ取り早いところでは、外を歩くことです。これなら誰にでもすぐにできます。時に精神世界の本などでは、歩くということが瞑想に通じるとされることもあります。

歩くには汗をかくくらいの距離とスピードがいいでしょう。歩いていると、次第に余計なことを考えなくなります。どこまで歩くのか、そろそろか、いやまだ歩こうなど、歩くことしか頭になくなります。定期的なウォーキングは体にいいだけではなく、実は心の調整にも役立つのです。歩くことはさらに欲のコントロールだけでなく、イライラの解消にもつながります。

何よりも「対面する」ことが重要

勝手な不信感を持たない

相手との普段の意思疎通が順調なら問題ありませんが、何かの拍子に齟齬《そご》をきたすと、胸の内に小さな不信感が芽生えます。不信感は普段の言動に影響しますから、自分と相手の関係がぎこちなくなり、ついには壊れてしまいます。

その時、私たちは相手を一方的に責めがちですが、そもそもコミュニケーションは自分と相手の双方向の関係であることから、自分にまったく非がないことはありません。気がつかないうちに自分も何かしら関係が壊れる因子を蒔《ま》いているわけですが、大半の人にその自覚がありません。

特にインターネット上に氾濫する情報は、私たちの生活を一変させました。情報量と信頼度は逆相関すると語る識者もいます。それは極端な意見であるにせよ、情報空間でのやりとりが増えるほど、コミュニケーション上の衝突も増えることはすでに皆さんもご存知の通りです。本来ならそこまで濃厚にならなかったはずの交流が、ある一定の限度（臨界点）を超えて、自分や相手の聖域に侵入するからです。

そうした状況を憂《うれ》えて、「定期的な情報断食を」と訴える人も登場し始めましたが、さらに深刻なのは、相手との十分なコミュニケーションをとらないうちから勝手な不信感を持ってしまうことです。インターネットというツールは便利な反面、偏った情報を一方的に刷り込むことも可能です。予断はこういう精神状態からも生まれます。私自身は、インターネットは一次情報を得る手段の一つと捉えてはいますが、本当に大切なことはネットには出ていないもの、とも考えています。

医療現場での不信感、つまり患者さんサイドと医師や病院サイドの間に漂う不信感は、ほぼすべてが意思疎通に関する障害から生み出されると言っても過言ではありません。その場で質問する、その場で説明する、そういった基本的なやりとりができないと、あとあとのトラブルへとつながりがちです。

そもそも意思疎通とは、メールや電話といった便利な道具を介した情報のやりとりがメインではありません。一番大事なのは、「対面すること」で生まれる感情と感情の混ざり合い、そこで複合されて生まれるコンセンサス（合意）です。コンセンサスが得られて初めて、お互いの意思疎通がスムーズになります。

原始的だ、アナログだと思われる方もいらっしゃるかと思いますが、じかに対面することこそ勝手な不信感を持たないための有効な手段です。

会ってみたら思っていた雰囲気と違った、よく話してみたらいい人だった、そういう経験は皆さんにもあるでしょう。私たちはそこに至る前の段階で、重要なコミュニケーションを拒否していることも多いのです。

さらに対面は、人と人とのエネルギーの交換なのでマニュアル化が難しいものでもあります。その手のテーマを自己啓発書などで書いている方が大勢いますが、ごく基本的なことは学べるとしても、肝心《かんじん》な部分は自分と相手がその場で交流してみないとわかりません。

マニュアル式に対応しようとすると、逆に不信感を抱かれます。相手を思いやる感情の発露こそ、あたたかみのある対面という場を形成することができるのです。対面という

「場の形成」は、自分と相手がそこに至るまでの間に蓄積された多くの要素をいかに交流させるかで、うまくいく、うまくいかない、が決まります。だから対面はどちらかが一方的に攻めてもうまくいきません。

攻める側の人間は、一見、相手を懐柔《かいじゅう》したかのように見えても、相手の心の奥ではさらに強い不信感が芽生えていることにまで配慮が届きません。拙《つたな》くてもいい、滑《なめ》らかに表現できなくてもいいのです。まずは自分の言葉で伝えることこそ、対面という場の価値を高める最上の手段だと思います。

その経験を繰り返すうちに、不信感や予断を持つことが消えます。

第二章 こだわらない

考え方にこだわらない

融通無碍に生きる

私は常々、「融通無碍《ゆうずうむげ》」に生きたいと思っています。

これは考え方や行動にとらわれず自由自在であるという意味です。誰もがこうしたスタイルで人生をまっとうしたいと思う反面、それができず、日々歯がゆい思いをしていることも事実です。

私たちは「こだわること」の呪縛から簡単に抜け出すことができません。こだわりが蓄積されると執着になります。この執着こそ、私たちの人生に大きな影を落とす元凶です。こだわりや執着は、誕生してから今日までに私たちにインプットされた膨大な情報が混合されて生み出されていますが、そこまで時間がかかっているために簡単に手放すことができないのです。

さまざまな執着を手放すことができず、結果として大きな失敗をしてしまう人を私はこれまでたくさん見てきました。そこには「べき論」を握り締めて絶対に離そうとしない姿勢が見てとれます。

ちょっと考えてみてください。そこに執着することで、すべての問題が気持ちよく解決するのでしょうか。むしろ解決できない問題のほうが多い事実に気づくのではないでしょうか。生き方や考え方に自分なりの指針を持つことは大切ですが、度を越すとただの無粋《ぶすい》になってしまいます。会議でつまらないことに執着し続ける人に遭遇すると、その人が実は問題の解決を図ろうとしてこだわっているわけではないことに気がつくでしょう。

その視点で解決できないことがわかったら、すぐに今ある視点を捨てることが大切です。新しい視点を求めればいいのです。これが融通無碍という言葉の本質です。大切なことは「問題をいかに解決するか」ということであり、こだわりや執着心ではないはずです。

科学の世界に照らすと、融通無碍は皮肉に聞こえます。

そもそも科学は「わからないものを探求する」学問であり、その方法論であるはずですが、見えないものや不思議な現象を十把《じっぱ》ひとからげにオカルトであると一笑に伏す姿勢は科学的ではありません。

わからないものを探求するわけですから、定理がない状態であり、科学には融通無碍なスタンスが不可欠です。しかし科学者や医学者を自称する人々のなかには、先人たちが遺《のこ》したものに拘泥《こうでい》し、強くて狭いこだわりの世界で自らの序列を決めることに躍起になっている人もいるように思います。

オカルトという言葉には「見えないもの、わからないもの」という意味もありますから、この言葉を使うことは必ずしも無益ではありませんが、問題なのは一笑に付して研究の俎《そ》上《じょう》に載せない態度です。

科学的思考には定義があります。まず事象（現象）を見つけること、つまり何だかわからないけれどその事象をチェックするということです。次に、本当にそうなのかと仮説を立てること。さらに繰り返し実験をして、それを検証すること。何度も検証してその再現性が確認できた時、その現象は初めて科学的な知見となります。

しかし、科学的と口にしがちな人ほど、その出だしの部分、つまり何らかの不思議な現象なりデータなりの「取り扱い方」を理解していないのではないかと思えるふしがあります。目の前の事実、事象を虚心坦懐に眺めることをしません。そこで彼らが執着することが、「そんなはずはない」「あり得ない」という予断です。貴重な現象に遭遇しても、本人の中では遭遇していないことになるのです。

私たちは理性と直観のバランスを取りながら生活しています。

理性は人間に備わる固有の思考力と言われており、個人の経験や知識で構成されます。科学で言えば、それまでの実績や歴史に照らして考えることです。しかしながら、理性に寄りかかると不遜な感情が生まれます。不遜は他を寄せつけない思い上がった感情です。

それに対して直観は、一瞬で本質を見抜く目（視点）です。直観は言うなれば神とつながる作業であり、直観が霊感とも訳される理由はここにありますが、裏づけが取れないという理由から「科学的ではない」とも言われます。ちなみに科学界の先駆者たちは、往々にして理性より直観を大事にしていたことを述べています。

考えることは大切ですが、考え方にこだわる必要はありません。何かが閃《ひらめ》いたなら、その直観をどうぞ大切にしてください。

幸せも不幸せも受け止め方しだい

過去にこだわらない*1*

過去にこだわる必要はありません。

これまでの人生を振り返ると、幸せだったとか不幸せだったとか、実にいろいろな思いが交錯《こうさく》すると思いますが、幸せも不幸せも自分が勝手に作り上げた幻想です。ある種のイリュージョンに近いものだと思います。

そもそも、幸せと不幸せを確実に判断する物差しはありません。もし存在するとすれば、それはその時の「自分の心」です。

心は毎日コロコロと変わります。心は経験や感情の積み重ねですから、ある時にはしんどい、あいつは腹が立つと感じても、別の時にはこれでいい、あいつは正しいのだ、と感じたりします。その時の気持ちしだいで、心のありようが決まるわけです。

周囲がかわいそうな人だと口にしても、その人自身は幸せかもしれません。周囲は勝手な想像で判断しているからです。なんて幸せそうな人だろうと羨《うらや》ましがられているとしても、本人は不幸のどん底にいるのかもしれません。

心というのは非常に不安定なものですから、やはり幸せと不幸せをはかるものは存在しないのです。

幸せと不幸せを分けるのが自分の心だとすると、過去をどう判断するのかということも自分の心しだいです。

思い出したくないことがあるにせよ、それは過ぎ去ったことであり、そこに執着する必要はありません。どうしても忘れられないというのなら、過去は過去、今は今と割り切ったらいかがでしょう。つまり、「あの時の自分は無事卒業した、良いも悪いもいろいろと学んだ上で次のステップに進んだ、これからはこういうことをやりたい」という発想です。

友人関係においても、過去の話にこだわる人もいれば、現在、あるいは未来の話が好きな人もいます。そこで考えるのは「自分がどの時間軸にフォーカス（焦点）を合わせているのか？」ということです。

過去はいつでも、いくらでも変えることができます。

過去の事実そのものを変えるのではなく、その過去を現在の自分がどう受け止めるのか、先ほど述べた心のあり方を変えればいいだけです。視点、つまり見方を変えるわけです。あの時はずいぶん嫌な目に遭ったけれど、勉強させてもらった、精神力がついた、いい体験をした、という感じです。

さらに時間が経てば、たいていのことは思い出になります。大切な人が他界しても、時間が経てば「あの時は泣いたなあ」という、どこかしら懐かしい気持ちになります。これは「時薬《ときぐすり》（日にち薬）」とも呼ばれます。

今を上質な時間にしたいのなら、過去は記憶に留めつつ、今この時を大事にしてください。願う未来は、今を大事にすることから生まれます。

過去は学んでもこだわらない

過去にこだわらない２

世の中の多くの仕組みは、過去の実績が土台となってスタートするものですが、同時にすべての仕組みは、過去にとらわれない、過去の実績にこだわらない形で改良されることが望まれます。

私たちはどうしても過去に目を向けてしまいがちです。

特に苦しい時ほど過去に焦点を当てます。なぜかと言うと、過去の出来事はすでに体験しているからです。たとえば仕事なら、自分が直接的に体験していなくても、そこには会社なり組織なりの体験、すなわちデータがあります。会社も個人もデータを集めて将来の行動を決めようとしますが、そこには経験知という呪縛があります。財産のように見えて、これがなかなか曲者《くせもの》です。

昔、あれをやって失敗した、こういうやり方で成功した、そういう経験知は参考意見としての有意性はあるものの、失敗も成功もすべての経験は当時の環境条件の下で得られたものであり、それらはすでに過去のものという認識が必要です。

結果は環境条件によって目まぐるしく変わります。情報システムやソフト開発で言えば、アルゴリズム（情報処理の決め手となる基盤）がどんどん変わるような状況です。データはあくまでも数字の羅列であり、私たちは数字にばかり目を向けます。数字が出た時のアルゴリズム、つまり環境条件を忘れがちなのです。

業績という視点で見ると、売上高や営業利益という項目での成長曲線が過去のデータで予測した通りに右肩上がりになるのなら問題ありません。しかしデータで弾き出した予測に対して結果が下回る時は問題です。過去だけを見ていては何か「まずい理由」があるわけです。

でも、これはちょっと考えると、あたりまえの話です。

なぜなら永久に上昇を続ける会社はどこにもないからです。遅かれ早かれ、どこかで過去を切り離して考えないといけない時期に直面するということでもあります。「過去はあてにならないもの」と明確に認識していれば、軌道修正は割合タイムリーに進めることができるでしょう。

よく成長産業、衰退産業と色分けされますが、産業界そのものが衰退しているというよりも、業界が過去にこだわっている、業界で働く人たちがしがらみを手放せない、要するに、強く執着しているケースが多いのではないでしょうか。守るべきものと手放すべきものの区切りがはっきりすれば、ある程度までは活性化できるはずです。

ある和菓子店があります。代々暖簾《のれん》を守り続け、店の看板も変わらない、なのに年配層だけでなく若い世代の顧客もついているのです。そこには何らかの秘訣《ひけつ》があるはずです。もしかしたら「バリエーション」かもしれません。頑《かたく》なに伝統を守っているように見えて、実は創業時と同じ味ではなかったりします。餡《あん》の入った餅《もち》だけでなく、チョコレートやジャムといった多彩なメニューがあるとか、餅そのものに酒粕《さけかす》が配合され、酒粕の持つ整腸作用から美肌効果を訴求しているといった戦術かもしれません。

この和菓子店の場合、守るべきものは暖簾であり、手放すべきものは過去に支持された味への執着です。時代の変遷《へんせん》とともに人の好みは様変わりします。意識は進化するという事実を忘れてはいけません。味を変える、幅を広げる、いずれにせよ店が生き残るために必要なことは、守るべきものと壊すべきものを明確にするという作業です。

過去に学ぶことはあれど、こだわると益を生まないことも多いものです。全体図における参考の一つとして俯瞰《ふかん》することが肝要《かんよう》です。

一つの縁を切ると、新しい縁が生まれる

人間関係にこだわらない

人付き合いのポイントは、その距離感を波長というか実感ではかることだと思います。さまざまな経験を踏まえて、相手と波長の合う場合は交流し、そうではない場合は交流しないようにするのです。きわめてシンプルですが、人付き合いにおいて私はこれ以外の物差しを持たないようにしています。お金だとか、出世だとか、有名になりたいとか、何か別な目的で近づくとろくなことがありません。

「類は友を呼ぶ」という言葉は、波長の相性を表現している言葉です。

好きな人が集まるという状況は、同じエネルギー（性向）を持つ者同士が集まるということです。波長が合うね、というのは大変適切な言葉ではあるのですが、多くの人がエネ

ルギーの同期を理解せずに使っている言葉でもあります。

波長による交流は、「見えない体同士が触れ合う部分」で起こるコミュニケーションです。肉体レベルではなく、魂レベルでの交流です。私たちの本質は魂であり、肉体は本質が操縦する道具です。

さらに、「ご縁」は過去世から続く関係です。初対面なのになぜか波長が合うというのは、以前の人生で何らかの交流があった証拠です。

あの人はいい人と皆が言うけれど、どうも自分には合わないと感じるのは、魂レベルにおけるエネルギー交流で、相手のエネルギーと自分のエネルギーが同調しないことによる違和感です。どうも合わないなと感じる人は、過去世でもいいご縁がなかった人なのだと私は思っています。

そういう時はどんな理由や背景があるにせよ、無理に付き合うことはやめたほうがいいのです。いくら頭が「付き合っておくと先で何かいいことがあるかもしれない」と囁《ささや》いても、無視してください。先述したように、心は毎日変わるいい加減な存在です。心ほどあてにならないものはありません。

よく考えてみると、この世には無理して付き合わなければならない人間関係なんて、ただの一つもありません。自分が何らかの感情に囚われて、無理してお付き合いしているだけの話です。

そこで無理する理由は人それぞれですが、無理している自分の中に何らかのコンプレックスが潜んでいることも事実です。だからこそ自分でそれを断つために思い切って付き合いをやめる、これが賢明です。ちなみに無理して付き合うことは、自分のためにならないばかりか、相手のためにもならないことを覚えておくといいでしょう。そこには学びがありません。

自分はどこにいるのが幸せなのか、そこにいて本当に心地いいのか、無理していないか。内なる声に耳を澄ませると、正直な気持ちが発露されます。心地よくなければその友人・知人関係は断ち切ればいいのです。一つの縁を切ると必ず新しい縁が生まれますから、何も心配はいりません。

日本人は本来、人付き合いに慎重な民族です。

なぜなら「空気を読める」からです。この言葉をして日本人は心配性だと解説する人がいますが、その人は波長などというエネルギーのことを知らないのではないでしょうか。空気を読むというのは波長を感じているということであり、その場のエネルギーを感じているわけです。その場に充満するエネルギー、自分にあるエネルギー、相手の持つエネルギー、そのエネルギーのバランスがどうなっているのか、それを察知する能力こそが空気を読む力なのです。

この波長を含めたエネルギーの大元が、波動と呼ばれます。波動はよくバイブレーションとも言われます。これは「空間を伝播《でんぱ》する波」であると科学では定義されています。波は、振動数、周波数、周期、振幅、波長などの項目で規定されています。振動数は周波数とも言われますが、この周波数が高くなるにつれてエネルギーはどんどん大きくなり、形が自由になります。

精神世界では「波動レベルが上がると体が透《す》ける」とか「肉体の振動数を上げると空が飛べる」と言われますが、振動数をどう上げるかという具体的なアプローチはさておき、こういう情報を多方面から検証することも科学本来の役割ではないでしょうか。

日本人がなぜ空気を読むことに長《た》けているのかについては諸説ありますが、最も興味深いのは、一万年以上にわたる歴史の中で、さまざまな民族が日本列島にたどりついた結果、まさに「人種の坩堝《るつぼ》」と化したことによるというものです。坩堝はいろいろな素材を入れて全部を溶かしてしまう耐熱容器ですが、多くの民族的なＤＮＡを持ちながら日本列島という場所でそれが溶け合った結果、互いの波長を読み合うことに長けるようになったのかなとも感じます。

その証拠が日本語です。英語や中国語などが主語と述語が連動して構築される言語であるのに対して、日本語は最後まで読んだり聞いたりしないと、誰の発言なのか、賛成なのか反対なのかがわかりません。これは場の空気を読みながら、つまり波長を感じながらコミュニケーションをとってきた民族特有の特長です。国際社会では意図がわかりにくいと批判されることもありますが、この構造のおかげで無益な争いや激しい衝突を未然に防ぐことができるというのが日本語の素晴らしい点です。英語や中国語と同じ言語構造をしていたら、際立った特長はなかったでしょう。

その人と本当に波長が合うのか、あるいは合わないのか。自分自身に素直に尋ねてみてください。答えはすぐに出ます。

家族には期待せず、つかず離れず

家族にこだわらない

仕事や友人関係で悩んでいる人もたくさんいますが、家族との関係に悩みを抱える人も多いでしょう。

親子、兄弟姉妹、夫婦、そういう関係に横たわる複雑な状況は、ともに過ごす時間と比例しながらある種のねじれた感情を生み出します。近親憎悪という言葉があるように、近しいからこそ歪んだ感情が生まれがちです。家族に大なり小なりの問題がないことのほうが少ないでしょう。

だから変に期待せず、つかず離れず、家族とはそういうものだと思えば、大したことなく思えることも多いはずです。あとあと考えると、実にくだらない争いもたくさんあります。しかしそのくだらないことでさえ、私たちにとっては学びです。

結婚という制度で他者と縁を結ぶと、自分ではコントロール不能なことが山のように登場します。そもそも成育環境も生活習慣もまったく違う他人同士が夫婦と呼ばれる関係になるわけですから、恥ずかしいことや衝突がたくさんあります。言ってみれば「不条理を身近に囲い込んで学ぶ」という状況です。だからカッコつける必要はありません。ありのままでいいのです。どうしても一緒にいられなければ離婚するしかないでしょう。それも学びです。

たまに「子どもにとってはいい親でいたい」と話す親がいますが、そこに執着すると自分を必要以上に大きく見せなければならないことになり、確実にストレスを生みます。そのストレスが夫婦間や親子間で作用すると感情面でこじれるというわけです。まさに外部評価の奴隷と化した状態です。

母親と娘のねじれた感情や父親と息子の複雑な感情など、親子はさまざまな事情をはらむ集合体ですから、そういうものだと割り切って「お付き合い」するのが賢明です。誰も聖人君子ではありません。失敗だらけでいいのです。

そもそもこの世に私たちが転生しているのは、そういうことを学ぶためだと信じています。最初から一片の曇りもない素晴らしい感性を備えている魂なら、この世に転生する必要がありません。ケンカしたり、失敗したり、感情がもつれたりしながら学ぶ、それが修行そのものです。

その中で「評価に振り回されない」ことは重要だと思います。

血縁関係があると、「親にはこうあってほしい」「子どもはこうあってほしい」という勝手な希望が生まれます。それは近い関係だからこそ生まれる錯覚です。でも、血縁関係は肉体面での話であり、魂の面ではまったく関係ありません。お互いにご縁があったどこかの過去世でも、状況は違えど同じようなレベルで暮らしていたはずであり、そこでもやはり勝手な希望を互いに持っていたと思いますが、そういう関係を繰り返すことで、いつしか「互いにあるがままでいいのだ」という意識が進化する、これが転生する目的の一つではないでしょうか。

やはり魂という仕組みを理解できなければ、本当の親子関係や兄弟姉妹関係は理解が難しいのではないかと思います。親が愚《おろ》かだからと嘲《あざけ》る子や、子が自分の希望する道を行かないと怒る親。両親ともに優秀な大学を出ているのに、我が子はどうして愚かなのだと嘆いたところで仕方ありません。それはあくまでも肉体面での話であり、魂には関係のない話です。そういうシナリオで転生してきたのかもしれません。それこそが当人にとっての学びです。

仕組みを理解できない人は、いつまでも「しこり」を抱え続けるだけになってしまいます。肉体はこの世で生きるには不可欠なものですが、そこに固着することで、魂というもっと大切な存在が見えなくなってしまいます。

家族とは「役割分担」を学ぶための基礎的な場です。

何らかのご縁があって転生した後、私たちは現世で親子や兄弟姉妹、あるいは夫婦となっていますが、自分がいる場所は絶対ではありません。自分が置かれた場所で他界するまでいろいろなことを学ぶだけなのです。ですから、どの場所にいるからこうすべきという絶対ルールは存在しません。それぞれの感情で体験すればいいのです。私たちが勝手に「こうあるべき」と思い込んでいるだけで、家族とは意外にゆるいチームなのです。

うまくいかないことには意味がある

成功にこだわらない

失敗は成功の母、失敗は成功の始まり。

こうした言葉はよくできています。失敗がなければ成功もありません。物事には二面性があります。失敗しないとわからないこともあれば、失敗したおかげで大きな成功に結びつくこともあります。それに結果としての失敗は果敢な挑戦《トライアル》とも表現されます。

確かに失敗した時は、ほろ苦い感情を味わいます。自分はダメだなあと思ったりもするものですが、何か意味があってそうなっているわけです。生きている間に起こることはすべて学びだからです。失敗に意味を感じることが重要であり、なぜ失敗したのか、なぜうまくいかないのかという、ある程度の追究は必要ですが、それを愚痴ったり、いつまでもくよくよと考えることはありません。失敗して悔やむ暇があるのなら、その状況を第三者的な視点で分析し、どうすればうまくいくのか、その改善策や試案を考えることが重要なのです。

それに社会生活をしていると、うまくいかないことのほうが多いものです。私も自分自身のこれまでを振り返ると、何の衝突もなく何でも思った通りに運び順調そのものでした、とはとても言えません。向いていたこともあれば、まったく向かなかったものもありました。救急や集中治療に関しては、仕組みの構築から始めて現在は責任者として続けていますから何とかなったのでしょうが、たとえば基礎研究をやっていたら、今頃はどこでどうしていただろうかと考えます。

ちなみに医療現場では失敗が許されませんから、そうならないようにさまざまな仕組みを作ります。そして、その仕組みを構築・運用するまでの間には、実に多くの人による失敗があります。つまり多くの失敗から学んだ経験知をベースとして、フェイル・セーフとして一つの仕組みができるのです。

医療という世界は、「文殊《もんじゅ》の知恵」をどう出し合うかという試みです。

文殊とは、文殊菩薩（知恵を司る仏）のことです。三人寄れば文殊の知恵、と言われるのは、一人や二人で煮詰まって考えるよりも三人いたほうがよりよい考えが生まれるというたとえです。もちろん、三人以上いれば、もっと幅広い見地での知恵が生まれるでしょう。

そこには多くの意見を出し合えるという意義とは別に、「お互いに支え合う」という意味もあります。

一人でやれることは限られます。一人でクリニックを経営されている医師は院内での自由度は高いですが、そこで行える医療には限りがあります。大学病院は医師の自由度は高くありませんが、やれる医療には大きな幅があります。マンパワーがあるからです。大学病院がいいと言っているわけではなく、大きな組織は最新の仕組みを構築し、国民医療のために万全の備えをする義務があると言いたいのです。

ただし、それらは手続き上の失敗を防ぐということに関する話です。たとえばアナフィラキシーショック（I型過敏性アレルギー反応の一つ）が起こってしまったようなケースでは、正直なところ誰も責めることができません。医療現場ではそういう可能性もあるのだと、本当は一般の方々にも周知されないといけないのですが、そうなってはいない状況を見ると、やはりそこは日本の医療教育における啓蒙活動が足りないと思わざるを得ません。組織だけではありません。これは個人についても言えることです。失敗経験を自分にフィードバックすること、やり方にこだわらないこと、新しい視点を持つこと。うまくいかなかったことには必ず意味がある、ということを忘れないでください。

勝ち負けにこだわらない*1*

他人ではなく、自分の目標と比べよう

失敗や成功の延長に、勝ち負けという意識の問題があります。

特に若いうちはそれが激しい人も多いでしょう。勝ち負けは先述した魂の分離感で生じる感情の典型です。優劣をつけたがる反面、自分が優れていないと判断した時には、本来持たなくていいはずの負の感情を持ちます。その代表が嫉妬、ジェラシーです。

勝ち負けという意識は、自分自身が「流動的な立場にいる」と考えている間はずっと生じ続けます。落ち着かない状況にいればいるほど、感情の起伏が激しくなるわけです。入学試験、入社試験、人事異動、管理職登用試験、転勤、ポスト争い……、そこから生じる優越感、つまり所属している会社や肩書、年収、はては住む場所に至るまで、人はいつも勝ち負けに分けたがります。未婚か既婚か、あるいは子どもがいるかいないかという立場にさえ勝ち負けの要素を持ち込みたがります。二元論がもたらす弊害です。

そこには常に「相対感」があります。

相対感とは、他人と比べて自分はどうかという感情ですが、「自分の目標と比べてどうか」に視点を移動すると、強い嫉妬や負の感情を持つ機会が減ります。そもそものような感情を持つことに意味がありません。

極論すると、試験で満点をとれば相手が誰であろうと一番です。そこまでではないにせよ、次の定期試験で八十五点を目標にしようと決めて達成できれば、そこには自分だけの満足感が生まれるし、できなければまた目標に向かって頑張ればいい、ただそれだけの話です。

入社試験でも、自分が落ちたのにあいつは受かった、悔しい、悲しい、そういう相対感を持つ気持ちも理解できますが、採用面接はお見合いです。自分が劣っているわけではなく、その企業の要望に自分の個性が適さなかったというだけの話であり、それを勝ち負けで分ける必要はないのではないでしょうか。

スポーツの世界も一見すると勝ち負けの典型のようですが、現実の勝敗以上にアスリートはずっと自分との戦いを強いられます。常にハードルを設定し、それを乗り越える訓練をしているわけですから孤独です。その孤独感を払拭《ふっしょく》するものこそ、記録や順位という自己目標の実現なのです。

熱中できれば、勝ち負けのレベルを超えられる

勝ち負けにこだわらない2

現在のような社会システムである以上、いきなり相対感を消しましょう、と言っても難しい話ですが、相対感があたりまえになると、「もっともっと」という飢餓感から抜けることができません。これはこれで厄介《やっかい》です。

しかし好きなことをしている時、それも周囲が見えなくなるほど熱中している状態だと、自分の中から相対感が消えます。それが勝ち負け意識を抜け出す一歩です。

さらにそれが昇華して、自分のためにという意識が薄れ、誰かのために、世の中全体のために、という意識が芽生えると、それはさらに満足感、言うなれば至福という感情領域に入ることになります。この時点ですでに勝ち負けというレベルを卒業しています。

自分の中での目標意識を高めるトレーニングをやること、魂が本質であること、分離感が不要であること、すべて学びであること、そういう基礎的な事実から目を背けないことが大切です。勝ち負けというステージを卒業してストレスから解放されるには、これらが必須です。

子どもの教育も同じです。相対感をむき出しにして果てしない競争に追い込むのではなく、夢や目標を実現する、達成することが重要なのだと教えることこそ本当の教育です。私たちはそれぞれ持って生まれた能力が違います。だからこそ、その人が持つ能力を見つけて、それを伸ばしてあげることが教育なのです。

短所を是正しようとするのではなく、長所を伸ばすことで、生きがい、やりがいを感じることができます。相対感を持ち続ける限り、相対感で生きる限り、満足感も相対的なもので終わるしかないことを忘れないでください。

すべての宗教が、実はみな同じ

宗教にこだわらない

私はどの宗教にも帰依していません。

ですが、神道は自分の感性の中にあります。あちこちの神社によく足を運びますが、神道はそもそも一神教的な感覚での宗教というフィールドに収まりません。一方、ユダヤ教、キリスト教、イスラム教はすべて一神教です。日本にはさまざまな仏教・宗派がありますが、一神教はありません。神道は八百万《やおよろず》の神々を祀《まつ》っています。だから私には神道が性に合うのです。開祖も教典もありません。仏教やキリスト教にありがちなこだわりもありません。神社は異教徒を排除しません。改宗せずとも自由にお参りができるわけです。

仏教もキリスト教もイスラム教も、同じ宗教の宗派同士が現在でも反目し合っていますが、神道ではそういうことはありません。「神集閉爾集賜比《かむつどへにつどへたまひ》　神議里爾議賜比氏《かむはかりにはかりたまひて》」（「大《おお》祓詞《はらえのことば》」）という言葉通り、神道は「和（輪）」を大切にしているからです。

ユダヤ教、キリスト教、イスラム教は、どうして仲良くできないのでしょうか？　私はそれを、ヤハウェ（ヤーヴェ）の神の「啓示」にあると考えています。ヤハウェの啓示は受ける人々が理解しやすいように、受ける時代や受ける場所、受ける人によって表現方法が異なるという事実の理解が必要かと思います。それだけのことです。

西洋では長らく「精神と物質はまったく別な存在」と位置づけられてきました。その二つは互いに相関性がないとされてきましたが、量子論・量子力学が打ち出した「一元論的世界観」の登場がその考え方にひびを入れました。すべての存在は生命と精神を備えた自然である、という世界観です。一方、東洋には「万物一体的世界観」がすでに存在していました。ヒンドゥー教、仏教、道教などがそうです。神性（霊性）と物質は一体であるとする思想です。フリッチョフ・カプラ（素粒子物理学者）、ニールス・ボーア（量子力学者）、ヴェルナー・ハイゼンベルク（量子力学者）らは西洋思想と東洋思想の相似形や一致点を見出し、一元論的世界観を後押ししました。そんな世界的な流れに基づいて、アーヴィン・

ラズロ（世界賢人会議「ブダペストクラブ」創設者兼代表者）は、自らの量子真空エネルギー場理論で「すべての存在はつながっている」と主張しています。

私自身、万教同根《ばんきょうどうこん》、つまりこの世のありとあらゆる宗教や宗派は同根であると理解しています。山に登る際にはいろいろなルートがありますが、宗教もそれと同じです。頂上はたった一つですが、そこに至る方法、つまり頂上までにはたくさんのルートがあるのです。宗教もいろいろ顔が違っているように見えて、実はどれも同じです。啓示による真理をどう表現するか、たったそれだけの違いにすぎません。

宗教や宗派の争いには、先ほどの相対感が強く関係します。他者と比べるから、自分たちこそ正しいと鼻息が荒くなるのです。信じる神を比べること自体、不遜な行為であり非礼です。個別意識を高めてしまうので分離感も増します。分離感は人間の本質ではないのです。本来私たちは、内面から湧き出る集合意識を持って生きていたはずなのです。

二十一世紀は宗教を必要とせずに直接、神（創造主、摂理）を理解できる時代になっていくように思います。教祖や開祖といった特定の人物が大勢に何かを告げる時代ではなく、私たちが直接、啓示に触れることができるようになる時代は近いでしょう。

肩書にこだわらない1

認めてもらうより、やりがいを

過去へのこだわりと同様に、会社あるいは何らかの団体などに勤めていると、現在や未来にも強くこだわりが出てきます。

その典型が、出世や地位というポジション争いです。

入社以来、そういうことを一度も意識したことがない、同期や後輩の部下になろうとかまわない、という人もいるかもしれませんが、ほとんどの人は自分のポジションに敏感です。

分離感が消えて相対感が消えると、自分がどういう位置にいてもそういったことに気が向かなくなるものですが、長い年月をかけて刷り込まれた相対感はなかなか消えません。

だから厄介なのです。

そこには、生きがい、やりがいをどこに感じているかという意識も影響します。その仕事に心底やりがいを感じ、本心で幸せを感じることができているのなら、ポジション争いは仕事の下に位置する興味でしょう。しかし、それほどやりがいを感じられていないのであれば、自分は頑張っている、だからポジションを上げてほしいという「承認欲求」がより強くなるのかもしれません。

しかし、と考えます。そもそも仕事は社会全体に寄与するために存在しているものであり、誰かに認めてもらうこと（承認）が優先順位のトップではありません。もちろん認めてもらえればうれしいものですが、それはあくまでも結果論であり、仕事なり何かやるべきことに懸命に打ち込む姿勢こそが魂の輝きを増すものにほかなりません。

そう書くと、あなたは大学教授だからそう言えるのだとおっしゃる方もいらっしゃると思いますが、私は今のポジションに結果的にいるだけで、そうなりたくて三六五日、二十四時間、食事も睡眠もろくにとらずに仕事を続けてきたわけではありません。やりがいを感じているから続けた、ただそれだけでした。

私は小学校三年生の時に車にはね飛ばされて意識を失って入院し、主治医からは小学校を卒業するまでに亡くなるかもしれないと言われました。そして大学五年生（医学部なので六年制）の時に二度、登山中に大きな墜落・滑落事故を経験しました。一度目に墜《お》ちた斜面距離は東京タワーを三つ重ねたくらいでしたから、死んで当然でした。

その後、医師として働くうちに父を亡くし、母も亡くしました。母は父の死後に移り住んだ相模原市内の小さなアパートで孤独死し、二十四時間体制で目まぐるしく動く東大病院救急部で仕事を続けながら、母には申し訳ないと思いながら日々を過ごしていました。

しかし、どんな時でも仕事には責任を感じていました。予期せぬことの連続だった自分の人生を振り返り、それでも必死になれた仕事があったから前を向いて歩いていられた、納得して生きてこられたのだと確信しています。

肩書にこだわらない2

迷ったら、流れに逆らわずに歩いてみる

人生はうまくいかないことの連続です。そのうまくいかない状況でどう踏ん張るか、どう進むか、どう発想を転換するか、私たちは常にそれを試されています。

人生は生まれてから死ぬまでの間、学びの期間です。出世や地位争いは、その期間に起きる数え切れないほどの事象の一つにすぎません。私たちが分魂であるという事実に照らせば、実は大したことではないのです。

最近は逆のパターンも増えています。つまり、「出世したくない」という人たちです。上の人たちが苦労しているのを見て、管理職にはなりたくないというわけです。これも出世したくないという、ある種のこだわりです。責任をとらされる（背負わされる）、判断を

要求される、部下の面倒を見ないといけない、上と下の狭間でもがく……など、管理職に関するイメージは日本ではネガティブなものが多数を占めます。

大学という組織でも出世したくないと言う人はいます。好きな研究に打ち込みたいとか、政治的な争いに巻き込まれたくないとか、その人なりにいろいろと理由があるでしょう。上の立場になるとやるべきことも変わりますから、それならばと大学を辞める人もいます。責任という言葉で無理強《じ》いすることも理不尽だと思うので、私自身はそういうことは言いません。でも一つだけ言いたいことは、「やってみたらどうなるのか」という自分への興味を持つことも選択肢の一つだろうということです。

禅宗に「随流去《ずいりゅうこ》」という言葉があります。流れに随《したが》う、という意味です。そういう生き方も悪くありません。これは出世や地位にこだわる人にも適用できます。迷ったら、悩んだら、流れに逆らわずに歩いてみる。しかし安易に流されるということではありません。振り返ると、私自身がずっとそういう考えでやってきたから、今もこういうスタンスでやれているのだと思います。あるがまま、という姿勢をいつも大事にすることで、少しずつ執着が薄れていくのです。

知識よりも知恵を持て

知識にこだわらない

医学者を含めた科学者には、系統立った知識が必要です。それ自体は自然なことです。知りたいという探究心が次の扉を開くことは間違いありません。しかし科学に限らず、広く一般社会では知識だけでは成立しません。知恵が必要です。

知識は素材であり、知恵は素材を生かす仕組みです。

それがわかると、知識偏重はダメだと言われる理由が腑《ふ》に落ちます。そうは言っても知恵がいきなりポンと出てくるわけではなく、知恵はさまざまな知識を集めた経験の積み重ねでしか生まれません。二つは表裏一体なのです。

その反面、知識は意識の壁にもなり得ます。持っている知識が邪魔することで、新しい考察に踏み出せなくなるわけですが、先述した予断はこの段階で生まれます。これまでのデータベースに沿った考え方を脳が強要するのです。

持っている知識にこだわらない、というよりも、知識を自分がどう運用するか、そのコントロール法を考えることこそが一つの知恵につながります。加えて、多くの知識が自分の知らない世界でどんどん変化しているという事実にも、私たちは目を向ける必要があります。私たちはそれについて知っているようで、実はよく知らないのです。

医学界では長らくその中心に「セントラル・ドグマ（中心教義）」という考え方が存在していました。セントラル・ドグマは、一九五八年にフランシス・クリック（分子生物学者、ジェームズ・ワトソンと並んでDNA二重らせん構造を発見）が提唱した考え方です。簡単に言えば、私たちの遺伝情報はすべて、DNA（デオキシリボ核酸）→RNA（リボ核酸）→タンパク質、といった流れで伝達されるという発想です。しかしながら、一九七〇年の逆転写酵素による遺伝情報の伝達、つまりRNAからDNAへの遺伝情報伝達という発見などによって、この教義《ドグマ》は修正を余儀なくされました。ゲノムというのは「書き換え可能な設計図」という事実が判明したわけですから、今後さらにそのアウトラインを見直す必要があるのかもしれません。

これは、「うちのＤＮＡだから」「父親の遺伝子だから」「母親の遺伝子だから」というあたりまえとされた発想を根本から覆す発見でした。つまり、遺伝子は多様な環境因子（原因）によってどんどん変化すると判明したわけです。

科学界に限らず、知識というのは増えれば増えるほど、その取り扱いに十分頭を使わないといけません。そして同時に、その知識が間違っている、どうも変だと思ったら、いつでも自分の頭から切り離せるくらいの状態で接するのがいいと思います。正しくない知識を積めば積むほど、土台が踏み固まって後戻りできなくなり、結果的には全体の方向性がおかしくなります。

また、「ちょっと古いな」という感覚も重要です。古いものでも時代に左右されない、変わらない価値を持つような知識がありますが、やはり知識は全体としてブラッシュアップされるべきでしょう。テクノロジーや社会における価値観そのものが進化していることを考えると、その知識だけ後生《ごしょう》大事に保持する必要はありません。そのためにも何事も「疑ってかかる」という姿勢を忘れないことが大切です。

人の言葉に振り回されない

言葉にこだわらない

言葉は言霊《ことだま》とも呼ばれるように大切に扱うべきものですが、言葉に囚われると、私たちはあっという間に行き場を失います。

よくあるのが偉人と呼ばれる方々の名言にこだわるパターンです。多くの名言を頭に置きすぎると、場合によってはどうにも動けなくなってしまうことがあります。まるで笑い話ですが、それは固定観念、執着、そういう動かざる感情に囚われてしまった証拠です。

逃げるが勝ち、という言葉もあれば、絶対に逃げるな、という言葉もあります。一点に集中せよ、という言葉もあれば、できるだけ分散せよ、という言葉もあるのです。挙げるときりがありませんが、言葉はそもそも、それを口にした、あるいは遺《のこ》した人のTPO

（時間、場所、状況）で作られたものです。どちらが正しいとか、間違っているという論争自体に価値はないのです。言葉はその人が置かれた状況で培《つちか》われたものであり、誰もがその人と同じ人生を歩んでいるわけではありませんから、言葉をそのまま自分に当てはめてはいけないのです。

だから逃げないで勝負できると感じる時はそうすればいいし、逃げたほうがいいと感じたら逃げればいい。その時の直観を信じればいいのです。仕事でも、一点集中が求められていると感じたら一点集中すればいいし、分散して情報収集したほうがいいと感じたら分散収集すればいいのです。周囲の空気を読みながら相対的に考えれば、自ずと答えは導き出されるはずです。その場で、その時に感じたものを大切にしてください。それが自分の内なる声です。

大切なのは、言葉に振り回されないことです。

どんな状況でもこれは真実です。すべての真理を一言で表現する作業は無理だと思います。どんな言葉にも表現手段としての限界と同時に、感情表現における固有の枠《わく》があるからです。

イエス・キリストもブッダも文字を遺していません。世界中で使用される教典は、彼らの死後、弟子たちが書き記したものです。だから無論、拡大解釈されている箇所もあれば、後世の人間の都合で割愛された言葉もあるでしょう。孔子の『論語』（儒教における四書の一つ）も「子曰《しのたまわく》（先生が言われた）」です。現在に伝わっているものはすべて伝聞情報ですから、もっとその言葉を柔軟に解釈してもいいのではと感じます。

ちなみに、孫子の兵法や論語などを企業の組織戦略から家庭の話にまで当てはめる人がいますが、これは同じ観念、つまり歴史的背景とそこに流れるカルチャーを意識共有している場合に通じる話であり、観念が違う場合には通用しません。まったく同じ文章を読んで、まったく同じ世界観を味わったとしても、そこに流れるコンテクスト（文脈）を「違う意味」で解釈したのなら、結果として違う観念が醸成されます。

言葉はコンテクストの中で使われて初めて生きる存在です。

同じ単語でもコンテクストが違えば、その語彙《ごい》は違う意味を持ちます。それはまるでお金と同じです。持ち主、使い主のエネルギーしだいでいかようにも変化する、それが言葉の正体です。執着する必要はありません。

過度に貯め込まず、適度に回す

お金にこだわらない *1*

お金はエネルギー体だと思います。お金そのものは無機物ですが、いろいろな人のさまざまな思いや情報がお金にくっつきます。だから「好きか嫌いか」という二元論で悩まず、お金とうまく付き合えばいいのです。

清貧という言葉が美しく聞こえることもありますが、やはりいつの時代もお金は社会に回したほうがいいのです。医療になぞらえると、お金の量が血液の量、中央銀行が心臓、各種の金融機関が血管、そうイメージできます。そして体の各組織が国民や企業だとすると、血液が快適に循環するほうがいいわけです。回らなければ組織は壊死《えし》してしまいます。

そこで大切なことは、「過度に貯め込まず、適度に回す」ということです。

よく「貯め込もうとすると入りが悪くなる、適度に使うと適度に入る」と昔から言われますが、まさにその通りだと思います。使う部分でも、自分に使う部分もあれば他人に使う部分もある、そんなバランスが不可欠でしょう。

日本には銀行預金を除いた現金だけでもおよそ九十兆円（二〇一三年末）のタンス預金があると言われます。これが動かないのには政治の責任もあります。老後、つまり自分の未来に対する不安度が高いからです。政府や金融界が無理に動かそうとしても動きません。そんなことをしたところで不信感が募るだけです。

ある程度の不安が取り除かれれば、タンス預金をしている人たちはみんながお金を使うのではないでしょうか。そもそもお金を貯め込んだところで、そのお金が知らないうちに何かに化けることはありません。そんなことは皆知っているわけで、要は使う際の理由が欲しいのです。

お金はまた、それを使う時の感覚が大切です。

ここではそれを「足るを知る（知足）」という言葉になぞらえます。

知足を知らないと貪欲さが増し、最終的には必ずお金で破綻《はたん》します。

それは自動車の運転と同じです。スピードに憑《と》りつかれると、最後はスピードでしくじります。適度な感覚が必要であり、それを超えた瞬間、間違いを起こすのです。医師の中にもそういう人がいます。お金と地位でおかしくなってしまう人間です。そこには数字の持つ魔力という共通項があるのです。

この物質界でお金と上手に付き合うことは大切な学びの一つだと思います。ある程度のお金は必要ですから、お金を欲しがることもなければお金を嫌がることもないわけです。

お金は何かを実現する際の道具であると同時に、社会を動かすエネルギーです。お金に意思はありませんから、良くも悪くもさまざまなエネルギーを帯びて世の中を循環します。そういう存在だと認識する程度でいいのです。

お金にこだわらない2

お金は天下で回すもの

数字は私たちから客観性を奪います。数字だけを追うようになると、常に数字と数字を比較する作業に終始しますから、正常な判断が働きません。

SNS（ソーシャル・ネットワーキング・サービス）における人脈合戦にもその傾向が見られます。会ったこともない人との友だち申請・受諾も注意しないと、どこに罠《わな》が潜んでいるかわかりません。数千人の友だちがいるといったような数が、本物の人脈を意味するわけではないでしょう。

逆に、自分がコントロールできない類《たぐい》のものを背負わされた瞬間、数字やお金に対する執着は消えます。なぜなら執着することの意味がわからなくなるからです。仕事や人間関係の辛い状況で起こりがちですが、これも貴重な学びです。

お金を寄付することもいいですが、もっと大切なのは稼げる仕組みを作ることです。お金は努力せずにもらえるものではなく、努力の結果として得る対価であるということの教育です。貧しい人にただお金をあげて、いいことをしたと悦に入るのではなく、彼らが社会参加して対価をどう得ることができるのか、その仕組みを作ることが最も大切なのです。

これを体現する言葉が「飢饉普請《ききんぶしん》」です。飢饉になったら蔵の中にある財を投じて普請をせよ、という近江商人の教えです。食べ物やお金の提供もうれしいものだと思いますが、それ以上に重点を置いたのが仕事、すなわち普請=増改築工事でした。

大きな仕事にはあらゆる業種の人々が集《つど》いますから、そこにたくさんの仕事が発生します。普段、周囲の人のおかげで富ませていただいている事実を忘れてはいけない、必ず恩返ししなさいよ、という近江商人の教えです。

お金は天下の回りもの、そして天下で回すものです。貯め込まず、渋らず、世のため人のためと、使う時には使いましょう。

他人の評価にこだわらない

「無私」を目指す

仕事、あるいは何かやるべきことに打ち込んでいると魂の輝きが増すと言いましたが、何かに一生懸命な時には邪心が消えます。邪心が消えると自分に対する周囲の評価が気にならなくなり、他人の視線さえもしだいに気にならなくなると思います。

それが発展して、利他《りた》という感情が素直に吐露されると「無私」の境地へと進化します。自分のためから、世の中のためといった全体貢献へと成長するのです。

無私は私たちが人生で最も目指すべき境地です。この境地にたどり着くのはなかなか難しいものですが、そこに進むと自分はどうありたいといった欲がなくなります。生き方にさえこだわらなくなります。

「中今《なかいま》」という考え方があります。

これは古神道の思想で、「今を最も大事にする」ということを意味します。過去でもなく未来でもなく、私たちにとって一番大事なのは、「今」という時間です。今が素晴らしい時の流れであれば、嫌な過去はその意味づけが変わり、どうなるかわからない未来に怯《おび》えることもありません。

そして、「中今」の究極が無私の世界です。

仕事をしていると、常にメリットやデメリットを頭に置いて行動しますが、それらの大半は特定の人や会社の利益に照らした発想です。社会全体に寄与する発想ではありません。全体の利益を考えると、メリットもデメリットも関係なくなります。

では、私たちが自分の仕事を通じて、どうすれば全体の利益に貢献できるかと言えば、自分や自社のメリットもデメリットも「あくまでも結果」と考えて仕事を組み立てる、事業を再構築する、そういう行動からスタートすることだと思います。特定の誰か、特定の組織にとってのいいことが、社会にとってのいいことであるとは限らないからです。

世界では「サステナビリティ（持続可能性）」というキーワードをはじめとした多様な動

きが活発化しています。その結果、消費に明け暮れるのではなく節度を保ちながら慎ましく生きる、利他の精神で生きる、というわけです。大きなトレンドとしてそういう考え方を重視していくように変わる転機が訪れているのです。

ちなみに、ちょっとした運動でも旅行でもいいのですが、肉体機能が活性化されると考え方がリフレッシュされます。リフレッシュは気分転換ですから、それまで自分が持っていた考え方や行動を見直すきっかけになります。

生き方を見直すとか、生き方にこだわらないと言うとオーバーに聞こえるかもしれませんが、普段の生活にちょっと変化を加えるだけで豊かな時間を楽しむことができるでしょう。

第三章

思い込まない

全員が同じ意見なら危うい

世論を絶対だと思い込まない

本を著《あらわ》している身でこう述べるのも何ですが、本だけでなく、誰かの話や伝え聞いた情報は「話半分」に聞くのが正しい態度だと思います。そうすると、ストレスなく楽な姿勢で受け取れるからです。

世間は何かと著名人、有名人と呼ばれる人々の発言に左右されますが、そこで働かせてほしいのが、「ホントか？」という疑問です。話は半分に聞く、しかし情報はできるだけ広く取る。そして何らかの情報に触れた時には、自分の理性と直観のバランスをとり、判断する。このプロセスを順守することが重要ですので、省かないでください。

年齢や性別を問わず、思い込みの強い人は話術の優れた人に乗せられ、うまい話に引っ掛かり、まんまとお金を巻き上げられるかもしれません。何か強く惹《ひ》かれるような情報でも、いったんはブレーキをかけることが大切です。その感覚が常に自分を助けてくれます。インターネットがこれだけ発達すると、誰でもいつでも何でも好きなことを発信できますから、判断不能なほどの情報が巷にあふれます。だからつい何かの情報を盲信しがちです。

情報をチェックする際に気をつけたいことは、コメントの傾向や「偏《かたよ》り」です。そのテーマに関する偏りがどこにあるのかを探すことも大事ですが、それ以上に、多勢が同じようなことを言っている、同じ情報を流しているという時は、素直に危ないと考えるのが賢明です。

ユダヤの格言に「会議で全員が賛成した時と全員が反対した時の議題は流すべし」というものがあります。戦乱の世を流浪《るろう》の民として着実に生き抜いてきた民族らしい言葉です。何かに翻弄《ほんろう》されないためには、それくらい疑ってかからなければいけないのです。

どんな些細《ささい》なことでも、十人いたら複数の考え方があって当然です。それが健康的な世論であり、意見にグラデーションがかからない状況は不健康です。〇の人間もいれば×の人間もいる。なぜ〇か、なぜ×なのかを議論する。これが真っ当なコミュニケーションです。全員が同じ意見であるということは、そこには何らかの情報をもとにした強いバイアス（偏り）がかかっています。そのバイアスが一体どんな背景を持つのか、それをチェックすることこそ、私たちに巣食う思い込みを解き明かす最初の作業になります。

世論に強い影響を持つのがマスメディアです。マスメディアは数を背景として一方的に善悪をつけたがります。戦後の日本が二元論に毒された結果です。すべての物事、事象は単純化できる限度があります。すべてを単純化してはいけないのです。

よく「声の大きい人は受けがいい」と言われますが、こういう人に限って事象を単純化し、大勢に向けたわかりやすさで自分をＰＲするものです。世間も難しいことを考えるのが面倒なので、その人の言うことを真《ま》に受けるわけですが、それらは往々にして間違った認識に基づくコメントの場合があります。声の大きな人は事象の正確性を伝達したいというよりも、むしろ何らかの意図で自分をアピールしたいだけだったりするから厄介なのです。

そういう邪心を持つ人に振り回されないよう、何でも話半分に受け取るのが一番です。でも、その時点での好き嫌いはとりあえず置いておき、情報はたくさん受け入れることです。選択肢は多いほうがいいと思います。

毎日、生きていること自体が修行

修行しなければ、と思い込まない

雑念や邪念を祓《はら》うためと称して、修行などの行事やイベントに参加する方もいると思います。最近は座禅などにも幅広い層が参加して、ちょっとしたブームだそうです。

私がこういう方々に伝えることがあるとすれば、それは「無理しなくていいのですよ」ということです。

ヨガの世界に「カルマヨガ」というのがあります。慎み深い考えと行動によるヨガという意味です。もともとヨガは修行という意味を持ちますが、その中でも日常の静かで慎ましやかな生活そのものが最も重要なヨガであるということを指します。

多くの人は修行（修業も）という言葉に、心身の苦痛を伴う厳しいものという思い込みがあると思います。でも、私たちがこの世で、この世界で毎日生きていること自体が修行なのです。生きていると楽しいことやうれしいことばかりではありません。辛いこと、嫌なこと、恨めしいこと、むしろそちらのほうが多いこともあります。どうして自分がと、しだいに自分を責めてしまう人も多いでしょう。でも、それを乗り越えなければいけないことも事実です。これこそ本当の修行です。

それがカルマヨガであり、本当の修行とは自分だけを助けるわけではなく、世間で生きるということに目覚めることとです。世間で生きるとは、好きか嫌いかは別にして他者と関係し合いながら生きること、つまり他者を生かしながら自分も生かすということであり、自利・利他の発想を体感することとも言えます。これこそ本当の意味での修行です。

メディアが喧伝するさまざまなブームが気になり、「何かやらなくては」と慌てなくてもいいのです。個人差はありますが、自分にとって何が大切なのか、それがわかる時が必ずやってきます。大切な人との別離や何らかの失敗が、逆に成功のきっかけに気づかせてくれるかもしれないし、あるいは転職や起業といった節目、節目において気づくことがあるはずです。そのちょっとした気持ちに気づくことで思考や行動が変わります。

定期的に思考をリセットしよう

情報を絶対だと思い込まない *1*

出家僧に憧れる方に一言。

俗世を捨てることの意味にはさまざまありますが、俗世から切り離した修行よりも人の群れの中で一生懸命働いている人にこそ、私は修行の成果を感じます。あたりまえの生活の中で日々、必死に働いている人が素晴らしいのです。

禅のブームはリセット思考、マインドリセットと関係していると思います。

人は定期的に思考をリセットする必要があります。私たちの心は実に気まぐれで、その時、その時でコロコロと変わります。精神面での成長という面でも私たちは思考や感情が変化します。だからこそ簡単な振り返りが必要なのです。

全身の細胞がアポトーシス（人体をよりよい状態に保つために積極的に起こされる細胞の自殺。遺伝子によってプログラムされた細胞死）として毎日入れ替わっています。それと同様に、感情もリセットすると気持ちいいものです。

そのために座禅を組む、内観（瞑想）をするのはいいと思いますが、それが高じて僧侶や宗教・宗派をことさらに偉いと思うまでしなくてもよいと思います。

それよりも毎日、通勤で会社に行く、家事や育児に奔走する、それこそが何にも代えがたい修行です。人に会う、人と対峙《たいじ》する、コミュニケーションで悶々《もんもん》とする、その時に雑念や邪念などが生まれるかもしれませんが、それを乗り切ってうまくやることを経験する、これがカルマヨガであり、私たちがあの世に唯一持っていける大切なエピソードです。

情報を絶対だと思い込まない2

情報は両方の意見を取り入れること

話半分に聞くという他に大切なのは、「両方の意見を取り入れる」というスタンスです。ともすれば偏りがちな情報収集ですが、そこをあえて対極の二情報を取る、というわけです。

インテリジェンス（諜報）の世界では、この手法があたりまえのように使われます。複数の情報を取る際、あるテーマに対してイエスと言っているものとノーと言っているものを必ず入れる、つまりそこに考え方や価値観のバイアスをかけない、収集した情報は時間をかけながら納得のいくところで判断するという手法です。

時間が経てば情報の「質」が変化する、という事実も忘れてはなりません。

情報の質が変化するというのは、その情報に対する信頼度が上がったり下がったりする、ということです。一年前は誰も信じなかったものでも、今現在は大勢に信じられている、逆に信じていたものが何らかの出来事によって信じられなくなる、ということはよくあります。

それは、時間の経過とともにそのテーマを取り巻く材料が増えることで、情報をチェックする精度（確度）が上がるからです。本当は歴史の信憑《しんぴょう》性に対しても、もっと疑ってかからないといけません。日本史の教科書からさまざまな武将の肖像画が消えたのも、別人がモデルであったなど新しい情報が次々と出始めた結果です。

逆に、ある情報が時間をかけて刷り込まれると、それは動かしがたい常識となります。歴史を、当時の時代背景を無視して、意図的に現代の観念でとらえて印象操作したり、事実の一部のみを強調したりして史実を歪ませるのは常のことです。

そういう情報をチェックしようとせず、ある方向から一方的に情報を流すマスメディアにはいくつかの問題があります。新聞やテレビなどのマスメディアが報道しているからといって、その情報をそのまま受け取るのは大きな誤りです。

そもそもマスメディアは、営利目的の企業だという事実を忘れがちです。社会正義や国民目線など心に染みるような美辞麗句をマスメディアは並べますが、第二次世界大戦の際にすべての新聞社が戦争を煽《あお》った事実は記憶に残さないといけませんし、広告スポンサーや多くの圧力団体の意向には逆らわない、むしろその意向で読者や視聴者を扇動しようとすることが多い「マスメディアの構造」を頭に置きつつ、一つひとつの情報を精査すべきなのです。

これがメディアリテラシー（情報活用能力）の本質です。

その情報が本当に自分にとって有益な情報なのか、そこに気持ちの悪さや居心地の悪さを感じたりはしないか、他人事《ひとごと》ではなく自分事として感じながら複数の情報をチェックすることが大切です。日本は欧米と比べてこの部分が遅れており、今後の強化課題です。

わからせようと思い込まない *1*

「気づき」がすべてを変える

思い込みというテーマは実に根が深いものです。

なぜ思い込むかは、それぞれが置かれた条件で異なります。そしてその思い込みを手放すのも手放さないのも、その人の自由です。自分が勝手に思い込んでいることに気づかず、大きな優越感を感じる人もいれば、騙《だま》されていたと怒る人もいます。

そこには私なりの結論があります。

それは「わかろうとしない人にわからせる方法はない」ということです。逆説的ですが、まずその点を理解することが大切です。それを理解しないまま必死になって説いたところで、時間のムダになるだけです。

特に私が述べている、死後世界、魂の存在、輪廻転生など、現代社会でオカルトとして扱われている情報について、まさにそれが言えます。

たとえば、「人間は死ぬと終わり、この人生が唯一の人生」と頑《かたく》なに信じている人に、あの世の話や転生の話をしたところで、その人との関係が悪化するだけでしょう。相手が「もしかしてあるのかも」と興味があるのなら話は別ですが、頑なな唯物論信者には無理に説く必要はありません。

冷たいと感じる方がいらっしゃるかもしれませんが、これもその人（死後世界を信じない人）にとっての学びです。学びは誰かに言われてそうかと理解するものではなく、自分で腑に落ちることが大切です。次回の人生でまたゼロからスタートするのも悪くないでしょう。

しかし、「わかりたいから情報が欲しい」という方にとっては、現代はインターネットなどの発達もあって、よい時代です。先人たちによって遺された貴重な文献や出版物がたくさんあります。その気になれば、それが少しずつ勉強できるのです。

情報に対する理解は、自分が気づくまでは他人がどうこうできるものではありません。

それに他人の思想に介入する必要はないのです。精神世界に詳しい方がよく、「いくら話してもわからない」とこぼすのを聞きますが、基本的なことを話したら、そこでやめたらいいと思います。伝えたいことは伝えた、あとはその人しだいです、そのくらいの距離感でいいのです。本当に興味があれば、そこから先は自分でチェックするでしょう。

無理に何とかしようとするから、余計なストレスを抱えるのです。

ただし、今は死後世界について冷笑している人々も、死が現実的にイメージされてくると態度が急変することがあります。自分が重い病気になったり、家族が急死したり、といった何らかの死を意識せざるを得ないショッキングな出来事に遭遇すると、それまでの考え方を改めることがあります（もちろん全員ではありません）。

家族はなぜ死んだのか、この苦しみがどこから来るのか、自分が死んだらどうなるのか。そういうことを考えた瞬間、それまでの思想とはまったく相反するものが胸に宿ることがあります。

もし、あなたがそうなったら、その時に大事なのは、「宿ったことを無理に引きはがそうとしない」ことです。理性ではなく直観を大事にしてください。それが自分にとってのタイミングだからです。タイミングは人それぞれで違います。

意識の壁は意外とフレキシブルです。高さや硬さが絶対に変わらないわけではありません。それは「気づき」という要素で変化します。

何か感じたら、その思いを大事にすればいいだけのことです。

思い込みはそういう場面で一気に氷解します。

わからせようと思い込まない2

健康は自分の意思しだい

わかろうとしない人は放っておいたらよいかと思います。これが最善の策です。仕事の現場でも、そういうことが大なり小なりあります。

第三者に実害が及ぶ際には実力行使しかありませんが、そうでなければ放置することが一番です。その間に、ひょっとしたらわかるかもしれない、気づくかもしれない、そういう一縷《いちる》の望みはあります。

ここ最近、医療不要論的な論旨の本が発表されていますが、あれも使い方しだいです。発表している医師が本気で医療を必要ないと感じているなら、本人が医師であることをとっくに辞めているはずですが、そうでなく医師として発表しているところを見ると、医療の使い方についてわかろうとしない人の意識の壁を破る、そのための方法論を提案しているのだと思います。

どの本も中身を読むとタイトルほど過激ではなく、一面の真理があります。その真理を読者に届けたいのでしょう。理解できるかどうかは読者しだいです。医療は不要ではないけれど、依存するなかれ、そういうメッセージが読み取れます。

生活習慣についても、わかろうとしない人はいたしかたありません。

誰がどう見ても間違った生活をしている、それを指摘しても改善しない、そういう人は皆さんの周囲にもいるかもしれませんが、最終的には本人が気づくしかありません。

治療がうまくいくかどうかは、本人がどれだけ本気になるかによります。

さまざまな依存症の治療は厄介です。自分の意志だけではどうにもならない場合が多いので、特別な治療が必要です。

糖尿病治療の基本は、食事と運動です。そこに尽きます。食事と運動で効果が不十分な時に薬を服用するのが正しい治療であって、薬が全部治してくれるわけではないのです。

最後はその人の本気の度合にかかっています。悪化すると、視力や足だけでなく命も落とします。

毎日たばこを吸う人は、どうしても慢性閉塞性肺疾患（慢性気管支炎、喘息、肺気腫など）にかかりやすくなってしまいます。いつも咳や痰が出たり、息を吐くのに苦労したり、ゆっくりとしか息ができなかったり、といった症状のある人を見かけたことがあると思います。このような症状や悪性の腫瘍があっても本人はたばこを吸い続けたいというなら、医師として説得する必要はありますが、あくまでも本人の人生です。

最後は自分の意思、本人の気づきです。

できないと思い込まない *1*

やるべきことは逆算思考で見えてくる

学びは周囲が植えつけることができません。あくまでも本人が自発的に刈り取るものです。だから本人が「自分にはできない」「通用しない」と感じていれば、何をやってもできないし、通用しません。

要は、どの時点でそこに気づくかだと思います。

願いを実現するイメージングの重要性がずいぶん前から世界中で言われていますが、これも頭で理解しているだけの人が少なくないのではないでしょうか。たとえば何かの本や誰かのコメントでイメージングを知ったけれど、実際に自分でやってみたことはない、活用したことはない、ということはありませんか。

なぜやらないのでしょうか？

それは「自分にはできない」と、心のどこかで思い込んでいるからです。できないというよりも、そうは言ってもどうせ実現しないだろうという思いを持っている、と言い換えたほうがいいかもしれません。

実は、やりたいことができている人とできていない人の分かれ目が、まさにそこにあると言われます。私もそう感じます。

イメージしたことがすぐに百％実現するとは言い難いですが、私たちが持つ意識のエネルギーはイメージした方向へ動こうとしますから、そのビジョンが実現に向かおうとすることは間違いありません。

働いている人の悩みにはいろいろありますが、大きなプロジェクトで責任者を任される、あるいはそれまで以上の仕事を振られる、といった時にどう感じるかで、その人のイメージング力が試されます。

私個人としては「悩むより一歩前へ」と言いたいところですが、イメージングのできない人は悪い想像、つまりマイナスのイメージばかりします。失敗したら恥ずかしい、怒られる、出世できない、異動させられる、皆に迷惑をかける……、そんなイメージを頭で繰り返すと、本当にそんな現実を引き寄せます。これも意識のエネルギーのなせる業《わざ》です。

逆に、自分のやりたかったことが成就した場面をイメージすると、そこに至るまでのプロセスで必要なこと、やるべきことがありありと浮かびます。その必要なことを準備すればいいのです。仕事の現場であれば、自分が力不足だなと感じたら、同僚、先輩、上司に掛け合えばいいし、必要なら他の部署に連携をお願いする、これが逆算思考です。

今の自分が置かれている場所は、自分自身がそれまでにたどってきた人生のさまざまな要素が複合されて生まれた場所です。それらは「ご縁」です。隣の芝は青く見えますが、皆同じだと思ってください。そこで必死になってやることで、必ず自分の財産になります。

できないと思い込まない2

伝え方もタイミングも大切

自分に求められるものをやる。プロの仕事人はそれが大事です。できない、通用しない、そう思うことや周囲に告げることは自由です。自分の殻に籠《こも》るのも自由です。手を挙げないのも自由です。責任者となることを拒否するのも自由です。私たちには自由意思がありますから、誰もそれを侵すことはできません。自由に生きればいいと思います。

でも、それで本当に楽しいのでしょうか。

人生の最大の目的は、さまざまなエピソードを経験することです。後ろ向きな自由意思にはエピソードが備わりません。正直に言えば、「何のために転生してきたの？」と尋ねたいほどです。何でもやってみればいいと思います。あなた自身のエピソードを作るチャンスであると同時に、周囲とコミュニケーションを深めるチャンスです。できるかできないかで悩むのではなく、やればいいのです。魂の進化というあなた自身のステップアップだと考えてください。

また、そうした機会を迎えた人の肩を押す際に周囲が気をつけたいことは、「伝え方とタイミング」です。

本人にやる気があるにせよ、何かを任せたり、何かを決断させたりする時には、それを伝える言語と伝える時期をよく考えないといけません。部下を持つ管理職の力量はそこで試されます。まだ伝える時期ではないのに「やってみれば」と伝えたり、あるいは「やったほうがいいから」と任せてみても、本人の準備が足りなければ徒労に終わります。いい経験が残りません。

その場合は少し時間を置いてコミュニケーションを図ることで、ある程度は解決できますが、ややこしいのは準備ができている人の肩をどう押すかという状況です。「やってみようか」のひと言で取り組める人もいますが、なかには「できないかもしれない」と後ろ向きの意識に支配されている人もいます。

そういう時には「比較」を持ち出すのも手かもしれません。霊性という視点では誰かと比べることを意義深いとは感じませんが、仕事にどう取り組むかという現実レベルの話では、相手の心理状態をプラスに転じさせる目的のために、むしろ比較を利用することでうまくいくケースがあります。「それなら自分だって」という意識が芽生えることも少なくありません。

もう五十数年前の話ですが、乳歯を抜くというので、私は母に連れられて歯科に行きました。逃げ出したい気持ちでたまらなかったのですが、歯科の若い先生がこう言いました。

「僕、大丈夫だよ。ほら、あそこの小さな女の子、僕とおんなじことやってね、さっき終わったよ」

そう言われて見ると、明らかに自分より幼い女の子がケロッとした顔で座っています。その後、私の抜歯は無事終了しました。

なんでお前はできないのだと怒鳴り散らされたところで、逆に萎縮するだけの話です。目的は「治療を受けさせること」ですから、相手の心理をよく読めば歯科の先生の行動が的を射たものだったことは明白です。

褒め方や叱り方はもちろん重要ですが、適切なタイミングで肩を押してあげることは、本人の自然な気づきを促します。気づきは与えようとすると強制に変わります。肩を押したら、あとは自らの発露を待つしかありません。

聞いた話だけで人を判断しないこと

イメージで思い込まない

話半分に聞く、両方の意見を採用する、そう言いながら、私自身も伝え聞いた話だけで一方的なイメージを作ってしまうことが、たまにあります。

会ったことのない人に対して、人間は勝手な評価をしがちです。

会う前にあれこれ想像するのは仕方ないとしても、実際に会っていないのに悪く思うのはいけません。下手にイメージするくらいなら、いっそ空っぽの状態で会うほうが有益です。

実際に会い、そして五感で確かめる。

一番重要なのはそこです。インターネットが発達していますから、情報はいくらでも取れますが、そこにあるのも玉石混交《ぎょくせきこんこう》です。決して思い込まないこと、事前情報に振り回されないことが大切です。

そもそも誰かの情報には、その話をする人の主観が入り込みます。つまりその時点で客観情報ではありません。それを忘れて相手の話をそのまま鵜呑《うの》みにしがちなのが、人間の脆《もろ》い点です。

昔の話ですが、ある選考会で自分の想像していた人ではない人が選ばれました。ちょっと意外でした。その人自身は多数決で選ばれたわけですから、文句をつける筋合いはありません。しかし私は、「ちょっと違うなあ」と感じていました。しかしその後、その人と付き合いを重ねていくうちに、ああ、この人はこういう人だったのだ、と選ばれた理由が腑に落ちました。

自分が勝手に思い込んでいただけだったのです。風評で思い込んではいけないのだ、自分は相手のごく一部しか知らないのだと、それを素直に反省しました。揉め事は往々にして勝手な誤解から生まれることがあります。注意が必要です。

そうは言っても、どこをどう見ても、どう考えても肩を持てない、味方できないという人もいます。私たちは聖人君子ではありません。だから無理に好きになる必要はありませんが、積極的に悪口を流す必要もありません。

誰かにその人についての話を振られたら、「いろいろな人がいますから」と受け流すのも手です。これなら賛否の俎上《そじょう》に載りません。あるいは「なるほど」とか「へえー」という言葉も意外と使えます。その人の主観で「あいつはダメ」とか「あいつは最高」と口にするのは自由ですが、あなたの本意でないなら相手の話に乗る必要はありません。可も不可もない、という態度をとればいいだけです。

それが上手にできると、ストレスが溜まらなくなります。

その場の雰囲気にいちいち左右されていると、やがて自分自身がいいように噂されるだけでなく、あいつは誰にでもいい顔をすると、周囲の信頼を落としかねません。人によって態度を変えないことが肝要です。

第四章

心配しない

うまくやろうと思うより、精一杯やってみる

どうにもならないことは心配しない

心配という言葉の本質は意外とわかりにくいものです。

人や周囲へ心を配るという良い面もあれば、自分や誰かの心を支配するという悪い面もあります。不安、不信、気がかり、悩み、こうしたマイナス要素を帯びた言葉と同じように、心配という言葉はどちらかと言えばネガティブな使い方が多いものです。

私たちが心配する状況は、主に次の三つの要素に分類されます。

❶結果がわからないこと
❷悪い結果が予見できてしまうこと

❸その悪い結果を自分がコントロールできないこと

これは医師や医療スタッフにも当てはまりますし、もちろん患者さんや家族にも当てはまります。想定内の結果が見えていれば、「心配しないで大丈夫ですよ」と声をかけることで本人の心配は拭《ぬぐ》われます。

自分がコントロールできない背景には、「努力していない（足りない）」ことの他に「努力しても届かない」ことがあります。仕事でミスをする、難度の高い仕事ができないというのは前者ですが、経済が好転しない、天変地異が起こるというのは後者です。

大切なのは、自分がコントロールできないことは心配しないことです。どんな世界に身を置くにせよ、必須の条件です。要は、開き直る、思い切る、ということです。もういいやと思えば、対処していることの質が変わります。あれほど悩ましかったことが、実は大したことではなくなることも多いのです。何とかしよう、うまくやろうとすると、心配の度合はどんどん上がります。

医療のプロである医師にも共通した心配事があります。

それは患者さんの容体の変化に関することです。今後、その人がどうなるのかといった想像は、ある意味での心配事でしょう。それでも時間が結果を見せてくれますから、先を心配してもしようがありません。

だからこそ、「今できることを精一杯やる」ことに、医療の存在意義があるのです。精一杯やったら、その先は患者さんともども、あまり心配しないことです。若い医師などは逆に患者さんに励まされるケースもあります。医療はその都度、やれることを積み重ねていくしかありません。

病気になるのを心配しない

体の声を聴く

時々いらっしゃるのですが、リハビリ開始当時には予測されなかった回復を見せる患者さんがいます。治ると思っていなかった患者さんが治ってしまう、というようなケースです。時には、明日にも死にそうな状態から生き返ってしまうこともあります。

そんな患者さんに、努力したことを聞いてみると、次のように答える方が複数いることに気づきました。本人自身がやる気になり、それと同時に「体の声を聴く」ということをした、というのです。「体の声を聴く」とは、わかりやすく言い換えれば「自分の体と対話する」ということです。

私の友人は、三十代で脊髄損傷を患って下半身麻痺となり、足が動かない状態となりました。この時、再び元気に歩けるようになるとは誰にもとても思えない状態でした。しかし、友人は見事、元通りに回復し、歩けるようになったのです。

その友人は私に、「自分の体に『大事にするから、一緒にがんばってね』などといういたわりの言葉をかけて、『一緒にがんばった』と思うと治った」と教えてくれました。

大切なのは、生命体としての肉体に対して気持ちを持って接する、ということなのでしょう。そもそも肉体は、私たちの意識（魂）を乗せてくれている乗り物です。

「体さん、いつも使わせてもらってありがとう」という気持ちを持つことが大切なのでしょう。なのに、そう思っていない人が大勢いるから、病気になったりするわけです。まだ科学的に証明されているわけではありませんが、私は体との対話はものすごく重要だと思っています。あなたの魂の乗り物である肉体に、いたわりの心を持ってください。そして、必要なら体と対話してください。

ちなみに、先の例の私の友人も含めた「体の声を聴く」ということをした方たちですが、そうするように誰からか教わったわけではなく、自然に出てきたのだと言います。思うにそうした方々には、その魂に何らかのお役目があったのではないでしょうか。

自分を客観視して正確に知る

起こっていないことまで心配しない

心配性の人の根っこには、何らかの強い執着があります。

具合が悪くなったらどうしよう、自動車事故に遭ったらどうしよう、会社が潰れたら、首になったらどうしよう、家族が亡くなったらどうしよう、果ては、雨が降ったら、雪が降ったら、といったレベルまで心配します。

起こるかどうかわからないところにこだわるのは、ある種の恐怖感や不安神経が作用しているのだと感じますが、視点を変えればそのストレスが減ります。これもイメージすることが影響しますが、「あの人と食事に行こう」「あの本を買って読もう」「旅行に行こう」など、むしろ自分が胸躍るような想像をしてみてください。

視点の変え方は人によってさまざまですが、私の場合、ジョギングや自転車ランなど体をフルに使って疲れたり、全身の筋肉を活動させたりといった、つまり脳であれこれ考えさせないような時間を設けることで視点を切り替えています。仕事中でも中座できるなら外に出たり、会議が紛糾したらやめて別の日に行います。要するに、その場の煮詰まった空気から離れること、それが大切です。

ちなみに一番好ましいのは、どんな状況でも客観視することです。自分のことさえも俯《ふ》瞰《かん》できるようになると、ストレスが消えていきます。

心配性の人は自分をいつもネガティブに見ていますが、それは正確に自分を知らないからです。だからノートをつけて分析するという手もあります。まずは一週間、できれば一カ月間、自分の毎日をノートに書き出してみましょう。

起床と就寝の時間、食事のサイクルと中身、通勤・通学の時間、緊張あるいは集中している時間、リラックスしている時間、週末の過ごし方、本を読んでいる時間、ゲームをしている時間、テレビを見ている時間、運動をしている時間、音楽を聴いている時間、友人や家族とのコミュニケーションタイムなど、チェックする項目は個人差があるので好きなように設定するとしても、書き出していくといろいろなことが見え始めます。

書き出すことのメリットは、「自分への関心」が高まることです。

決して誤解してほしくないのですが、私は自分に執着しろと言っているわけではありません。あえて書き出すことでバイオリズムを知ることができ、行動改善のための貴重なデータが取れ、何よりも後ろ向きな想像への偏りを払拭することができます。

自分のことを心配しない

自分にダメ出ししない

心配がこじれると、自分への「ダメ出し」が始まります。

これが固着すると負の感情が連鎖します。ほんの小さなミスにまで「だから自分はダメなのだ」と思い込むようになるのです。そういう人は経験の浅い医師にもいます。医療は建築や食堂と同じで現場経験を積み重ねてなんぼの世界ですから、それも経験と割り切れるかどうかが分かれ目です。

ただ、あまりにも深刻に悩んでいて、他人のアドバイスを聞くことなく自分にダメ出ししている場合は、放っておくことも一助です。本人はその状況で何かを学ぼうとしているのでしょう。だから他人が感情的に入り込まないほうがいいと思います。

ただし、そうしたダメ出しが自傷行為、あるいは自殺につながるようなケースには介入する必要があります。それはもはや学びにはつながりませんし、天にいただいた体を傷つけることは誰の得にもなりません。

ダメ出しを予防するための一つの方策として、自分が読んだもの、伝え聞いたこと、あるいは自身の体験でもかまいませんが「あれと比べたらまだまし」と思えるようなことを想像する、という手もあります。

一見するとマイナス思考に思えるかもしれませんが、ダメ出しをするくせが消えるのであれば活用する余地があります。

たとえば、何らかのトラブルに巻き込まれた場合、まるですべてを奪われるような気がするかもしれませんが、いろいろなものを手放すことで死ぬことはありません。命までは奪われません。身の丈以上に抱えてしまった余計なものがなくなるだけのことです。

私たちは想像する以上に強い意識を持っています。

たいていのことは我慢できます。雨風の心配がいらない、ご飯の心配がいらない、そう考えるだけで心配事のほとんどは消えます。万が一、その心配が出てきたとしても命がある、お天道様に授かった命があるのです。

極限状態をあえて自分から経験する人もいます。限界状況で自分がこの世に生きていることを確認したいということなのですが、そういう体験が日常生活のトラブルや悩みで「あれに比べたら」というネガティブ・コントロールとして作用することもあります。

生死をかけた体験をしろというわけではありませんが、何かに追い詰められた状況にあっても「この状況があとあと役に立つ」と自分を客観視できるようになれば、その人は本当の強さを手に入れることができます。

喪失感を味わうのにも意味がある

亡くなった人を心配しない *1*

大事な家族や親しい方との死別には、特別な感情が湧き上がるものです。

私自身は両親ともに他界しており、これからは弟と二人きりだと思っていたら、そのたった一人の弟が、二〇一三年九月中旬、五十六歳で他界しました。末期の転移性肝臓がんでした。亡くなる一カ月ほど前の八月初旬、本当に久しぶりに弟から連絡が来ました。お互いに忙しくて、それまでろくに会っていなかったこともあり、久しぶりにどこかで食事でもと切り出そうとすると、何だか弟の様子が違います。

「どうしたの？」

私が尋ねると、弟は意外なことを口にしました。

「兄貴、末期のがんだって言われたよ」

弟は淡々と話しました。近所のクリニックでそう診断され、そこの紹介で総合病院で検査を受けるというところでした。しかし、今一つ様子がよくわかりません。その検査結果を持って東大病院に来てもらって、急いで肝胆膵外科で腹部超音波検査をしてもらった結果、大きく膨れ上がった肝臓の大半はがんに占められ、パンパンに腫れ上がっていました。残念ながら、西洋医学ではどうにもならない状態でした。

弟はしばらく自宅で療養していましたが、強い痛みのために睡眠障害に陥ったことから、私の友人が勤務する病院で緩和治療を受けることになりました。最期まで大変だったと思います。私への連絡から一カ月と少し後、弟は静かに逝《い》きました。長患《わずら》いしなかったことが、せめてもの救いだったかもしれません。

義妹（弟の妻）の喪失感はいかばかりだったことでしょう。弟夫婦には子どもがいないので、彼女は一人になってしまったわけです。教師をしながらアスリートとして陸上競技に打ち込んでいた健康優良児の弟が、こういう最期を迎えるとは想像もしていなかったことです。

家族との死別を経験した人は、強い「喪失感」を持ちます。

これは経験者でないとわかりません。喪失感を味わうことも、私たちが輪廻転生を繰り返している大事な目的の一つですから、そこでの悲しみは十分に味わったらよいかと思います。他界された方への、それが一番いい供養です。

しかし、その悲しみの中にいつまでもいるわけにはいかないのです。

亡くなった方を偲《しの》ぶ、その人との思い出を懐かしむことも大切ですが、それは時々でいいのです。私はそのことを亡くなった母との交霊で教わりました。そのためにも「日にち薬」、つまり時薬《ときぐすり》が大切です。どんなに切なく、どんなに悲しい状況も、時間が解決してくれます。

亡くなった人を心配しない2

別れも学びの一つ

喪失感は、決して一人で背負わないでください。

もっと話をすればよかった、ケンカしなければよかった、高度な治療を受けさせればよかった……、そういう後悔はまったく必要ありません。

他界された方は、もうそういうことを気にされていません。もし心おきなく話せる方がそばにいるなら、遠慮なく話してみてください。思いを吐き出すことで大きなストレスを解放することができます。

人生は出会いと別れの繰り返しです。私たちの生涯はその繰り返しなのです。その中に死別もあります。出会いには出会いの、別れには別れの、それぞれ固有の学びがあります。

そんなエピソードを繰り返しながら、泣いたり笑ったり悔しがったりして、その時々の感情を味わう。そこに私たちがこの世に転生する最大の目的があります。

先述した弟の話には後日談があります。

弟夫婦はごく一般的な人たちで、私が著書に書いているような見えない世界の話にはまったく無関心でした。それが、弟が亡くなってしばらく後、義妹が「（弟の）声が聞こえる」と言い始めたのです。家族を失ったショックで、幻聴が聞こえたり幻影が見えたりすることは往々にしてあります。しかしながら、それがあまりにもはっきり聞こえるというのです。

本人も初めは空耳かと思っていたようですが、弟が彼女と話す時だけの独特な言い回しをして、自分が話しかけていることを念押ししてきたそうです。そういう類の情報にはまったく触れてこなかった、そんな普通の人が言うのですから、興味深い話です。

私も気になったので、知人の霊能力者に調べてもらったところ、「あなたの弟さんは他界のルールとしては異例ですが、亡くなってすぐに奥様の守護霊団（サポーター）のメンバー入りを承認されています」と告げられました。何とも不思議な話ですが、そういうこともあるのだろうと素直に受け入れています。

いずれにせよ、他界した人々が現世で生き続ける私たちを見守ってくれていることは確かです。そういう私たちだって、亡くなると彼らと同じ場所に行き、同じことをすることになります。

さらに加えると、亡くなった人が成仏しているかどうかを心配してはいけません。そんなことを心配すると、あの世に逝かれた方が逆に心配します。時々懐かしく思い出す、ただそれだけで逝った方々はうれしいのです。

ストレスが病気の元凶

死を心配しない

生死をかけるほどの病ではないにせよ、生活習慣病などさまざまな慢性疾患で悩む人に対しても、私は「心配ないですよ」と声をかけます。いい加減に話しているわけではなく、そもそも心配しても意味がないのです。

そこには慢性疾患というものをどう考えるか、という視点の問題があります。

過敏現象がちょっと進んだものだと考えるのか、病気としてとんでもないものだと考えるのか、異常だと考えるのかについては、意見の分かれるところです。異常だと考えるのなら、本人には大きな負の感情が生じるでしょう。

たとえば糖尿病や高血圧の場合、異常という視点よりも加齢、つまり経年《けいねん》変化という視点でどうとらえるかという議論が常にあります。これらを加齢の延長と考えると、多くの慢性疾患、つまりゆっくりと変化する症状に関しては、極論すると病気だと思わなくてもいいという意見があるのです。

病気というのは「病気であると認識された」からなるわけです。病気であると認識しなければ、その症状は加齢現象であり、病気にはなりません。ストレートに物を言う医師などは、たとえば脳卒中や心筋梗塞は、うまくいけば一発でアウト（死亡）になれる、だからある意味で幸せだと言います。これが「ピンピンころり」を大事にしてきた日本人らしい表現だと言えると思うのですが、私もある意味でその意見に賛成です。

特に高齢者に関して言えば、今後が予見できれば、その人にとってそれ以上の医療は必要なくなります。これ以上の投薬は意味がない、手術しても効果は薄い、加齢を考えた上で予見すると必然的に次の選択肢が見えるのです。これが「うまい死に方」の方程式です。

ターミナルケア（終末期医療）がようやく日本でも登場しましたが、今後はこうした医療の方向で最期までの時間を自分なりに過ごすことを求める人が増加するでしょう。

もちろん、何らかの治療を繰り返すことで回復が見込める状況なら、その時に適切な対応をする必要があります。これも医療現場の基本です。オーダーメイド方式で、十把ひとからげにはできません。

今や国民病などと揶揄《やゆ》されるがんですが、そのがんも加齢と無縁ではありません。でも、その線引きができない事実もまた医学界の現実です。がんの人に対しても私は心配ないと言いますが、これは「希望を捨てない」という点と、がんというものに対するある意味での思い込み、つまり「不治の病といったような感情を払拭したい」という点があるからです。

その昔、伝え聞いた笑い話があります。ある人が調子が悪いと診察を受けたら、本人が心配していたがんではないことが判明したそうですが、その時に「よかった、がんでないとわかればいつ死んでもいい」と言ったそうです。がんが不治の病と思われていた頃の話です。現状では、がんの生存率は年々上がっていて、部位によっては三十年前よりも生存率が飛躍的に上昇しているものもあるほどで、必ずしも悲観すべきものではありません。

がんではないにせよ、何らかのストレスを溜めていると何らかの病気になります。ストレスこそ病の元凶であり発信源です。私たちの想念は良くも悪くも作用するということを忘れないでください。

すべては時間が解決する

未熟さを心配しない

経験が乏しい医師にも心配事がたくさんあります。

医療現場というのは一生懸命になっていると必ず何とかなるもの、私は彼らにそう話してきました。医師に限りません。社会に出た若い人がよく「何もできないので」と口にしますが、それは当然です。

今、いかにもベテラン顔をしている会社の先輩や上司たちも、かつては何も知らない新米で何もできなかったのです。皆、最初から何でもできるスーパーマンではありません。

私はよく「急ぐな」と言います。慌てるな、ということです。

目の前のことができない自分がじれったい、早くスキルを上げたい、という焦る気持ちはわかりますが、時間が解決することがたくさんあるのです。経験とともに力量は上がりますから、心配しないでいいのです。

そもそもどんな仕事でもチームで取り組むものです。新人ができなければ、その部分のフォローは誰かが必ず担当します。組織というサイクルの中で新人は少しずつ経験を重ね、スキルアップしていき、時間の経過とともに一人前になるのです。

だから先走る必要はありません。そんなに先を心配しないでください。心配性の人には、私たちの職場でも「やっているうちによりよくできるようになるから」と言うようにしています。その言葉の意味がすぐには飲み込めないかもしれませんが、やっているうちにわかります。仕事とはそういうものです。答えは時間の経過とともに出ます。

世間では「ゆとり世代」と揶揄《やゆ》される若い世代についても、私は悲観視していません。いつの世も新しいことを始める、新しい価値観を生み出すのは若い世代です。欲がないとか覇気がないと中高年層に言われているようですが、物質文化に毒された世代の戯言《ざれごと》と、彼らは意に介していないかもしれません。それでいいと思います。

そもそもゆとり教育を始めたのは、若い世代を叩いているその中高年世代です。自分たちの責任を置き去りにした言説はいかがなものでしょう。

若い世代は、あるがままを受け入れる世代です。その影響からか、今の二十代は「さとり世代」とも言われます。無欲者とか、籠《こも》り世代（コモリスト）とか、この世代の特徴をとらえた表現はさまざまにされていますが、積極的で活発な人もたくさんいます。肉食系と呼ばれる人もいるのです。一つの言葉で全体は括《くく》れません。

今の四十代半ばから五十歳前後の人は「バブル世代」と呼ばれ、五十代半ば以下の人は「新人類」とも言われました。しかし同じような世代に見えても、人によって特質がずいぶん違います。こういう言葉はメディアが面白おかしく作った言葉ですから、一面の真理はあれども全体を網羅するものではありません。

病気と一緒で、同じ疾患でもその人の性質とか生活サイクルで症状が違うのと同じです。今の六十代半ばから後半の「団塊の世代」と呼ばれる人もそれぞれ価値観や人生観がずいぶん違いますが、マスメディアなどの強い影響で皆が同じように括《くく》られてきました。同じ世代だからと十把ひとからげに対応することは誤りです。その世代固有の気風というか共通しているような文化はありますが、それを記号化して一人ひとりに当てはめてよしとするのは乱暴な分析です。人間には個別意識が働くことを忘れてはいけません。

社会の先輩である私たちのとるべき態度も、最終的には若い世代のあるがままを受け入れるしかありません。彼らが反社会的な行動に出る時には止める義務がありますが、何かを知りたがっている、手助けを欲している時以外は、特に手を出すことはありません。それが「見守る」ということの本質です。

医療現場ではレジデント（研修医）を教える際に「屋根瓦《がわら》式」と言って、一つ上の学年が面倒を見るというやり方があります。後輩は聞きやすいし、先輩も世代がほぼ同じなので教えやすい、といった利点があります。年齢差があると遠慮が働くので、お互いによくありません。うまい機能だと感じます。これは確かアメリカの仕組みを真似たと聞いています。

ちなみに、はるか昔のエジプト文明の頃から「最近の若い奴らは」という言葉があったそうです。下の世代への「苛《いら》立ち感情の申し送り」というのは根源的なものなのだ、と笑い飛ばすのがよさそうです。

死に場所を心配しない

どこで死のうが、行く場所は同じ

高齢者にわりと共通する心配が「病気と終活」でしょう。

もちろん、そういうことが気にならない人もいますから「わりと」と言います。でも、気になる人は相当気にしています。

子どもがいても面倒になるわけにはいかないと考えている高齢者も多く、将来的には老人ホーム、あるいは老人保健施設などの需要が数倍にも膨れ上がるのではと言われています。

病気はともかく、終末期をどうするのかというテーマは、それを必要以上に問題視するからややこしくなるのです。私が『お別れの作法』（ダイヤモンド社）で詳しく書いたように、今では市販化されているエンディングノート、あるいはリビングウィル（特に治療などに関する意思表示）を残すことで自分と周囲の合意を形成されてはいかがでしょう。

そういう普段からできるコミュニケーションを「不吉なことだ」と怒ったりするから、いよいよになって本人の希望が叶わなくなるのです。元気なうちがチャンスですから、余計なことなどと思い込まず、事前の準備は余命を心配せず精一杯楽しむためにも必要だと思います。

また、可能ならばでいいのですが、死ぬことを怖がらないでほしいのです。

あの世がある、いやあの世なんてない、そんな論争を繰り返すことに意味はありません。頑なに「ないものはない」と思い込んでいる人には、私からお伝えすることは何もありません。特定の宗教をお持ちの方もそれで満足ならいいと思います。しかしそうではなく、あるのかもくらいに興味がある人は、これまで手に取ったことがないかもしれませんが、いわば精神世界に関する本を読んでみるのも手かと思います（『お別れの作法』に詳述しました）。

人間は知らないことに対して極端な恐怖心を持ちます。

だったら、知ればいいのです。

女性は比較的、好奇心旺盛な方が多いのであまり心配いらない人が多いのですが、これまでビジネス書や経営書を中心に読んできた中高年の男性が精神世界系の本を手にすることは、すぐには無理かもしれません。プライドやいろいろな思いが邪魔するかもしれませんが、これも人生の学びだと思えばいかがでしょうか。そのための終活です。あっちの世界のことを少しでも知っておけば、死ぬことが怖くなくなるのではないでしょうか。

身内や親しい人が亡くなると人は泣いて悔しがりますが、私たちが元いたあちらの世界では祝福《セレブレーション》です。皆から「おめでとう、よく頑張ったね。積もる話を聞かせてよ」という感じです。それを考えるとお葬式も、もっとどんちゃんやってもいいのかなとも思ったりします。今のお葬式は遺された人だけの仕組みになっている気がします。

そういう「あっちの世界とこっちの世界」の仕組みを知るためのテーマパークが実現すると面白いかもしれません。その仕組みを知ると、おそらく大半の方の生き方が変わるのではないでしょうか。もっと学ぼうという気になります。

「死に場所」にこだわることも、やめましょう。

どこで死んでも、大丈夫です。

病院だろうと施設だろうと、自宅だろうと道端だろうと、海の上だろうと山の中だろうと、そこがその人の最期の場所、それ以上もそれ以下もありません。すでに魂はそこにはありません。亡くなると私たちはベール（幕）の向こう側にある元の世界（あの世）へと還《かえ》ります。どこで亡くなっても行く先は一緒ですので、まったく心配する必要はないと思います。

第五章

悩まない

やることを決め、心配事を解消しておこう

私たちは必ず他界します。例外はありません。

時期は別にして、いつか来る自分の死に漠然と悩む人もいらっしゃると思いますが、私たちは数えきれないほど転生を繰り返してきており、今回の人生を終えて死んだからといって転生は終わりません。また新しい人生のために生まれ変わります。まずそれを頭に置くといいでしょう。私たちの本体である魂は、死んだからといって消滅することはないのです。

だから死について悩む必要がないと私がここで言ったところで、残念ながらそれについてお悩みの方の不安を払拭できるわけではありません。どんなに話しても、どんなに書い

ても、不安が手放せない人は、いつまでもその不安を握りしめているからです。

ただし、人生に期限があることを考えると、誰もがこれから取り組むべきことには大きく二つのキーワードがあります。

まずは「やることを決める」ということです。

今から「やりたいこと」あるいは「やるべきこと」の優先順位を決めるのです。特に高齢者の皆さんには、エンディングノートへの記述などは心身の自由がきくうちに始めることをおすすめします。財産争いをしないため、最期の治療に際して本人の意思を尊重してもらうため、人生を振り返るため、エンディングノートはさまざまな目的を遂行するための便利なツールです。

前から気になっていた場所に行くこともおすすめします。以前は時間がなかったけれど、ようやく時間ができた、そういう状況で行きたかった場所に行くのは意識のエネルギーがとても充実します。行きたいと思った時に行く、これが一番の幸せです。

次に「心配事を解消（清算）する」ということです。

借財や人間関係などいろいろあると思います。こういうことも自分ができるうちに解決したいものです。身内や友人に後ろ足で砂をかけて他界するのは決してカッコいいとは言えません。気になっている人に会うのも、もちろん相手しだいですが、互いのエネルギーを高めることにつながるかもしれません。人は意識という見えない世界でつながっていますので、自分が気にしている相手も往々にして自分のことを気にしていることがあります。

その二つを実行する際に気をつけてほしい点が二つあります。

一つは、素直に心の声に耳を傾けることです。

何十年も生きると、私たちは余計な殻を身にまとってしまいます。大半はどうでもいいプライドやしがらみ、執着、世間体、その他もろもろです。捨てる機会もないまま今日までまとってしまった、おかげで重くて仕方がない、それが実情でしょう。素直になるのは、それらを脱ぐ絶好の機会です。

もう一つは、できるだけ自分を客観視することです。

人は自分が思うほど、こちらを良くも悪くも思っていないと言います。自分は悩んでいる、後悔している、反省している、でも一歩引いてみたら相手（周囲）はそれほど気にしていなかった、そういうことはよくあります。

岩登り（ロック・クライミング）をしたことがある方は、それがピンと来るでしょう。岩登りは落ちると死ぬ可能性があり、自分が動けなくなったら終わりです。上に行くか下に行くかという状況で足場を探す際の基本は、蹴ってでもいいから岩から自分を離すことです。岩にへばりついている限り、自分と岩との接線しか見えませんが、蹴って岩から体を離すと自分が置かれた位置を上から見ることができる、つまり俯瞰できます。視点が立体的になるのです。

あるいは山頂に到着すると、広々とした風景をグルッと見回すことができますが、別に山でなくても、遊園地の観覧車でもいいし、ビルでもスカイツリーでも東京タワーでもかまいません。タワーマンションでも同じです。高いところに登ると、見える世界が広がります。そして、これまで自分がいた低い場所では思い描けなかった風景が見えます。悩みの解決法もそれと同じで、視点をずっと上のほうに置き、自分を含めた全体図をもう一人の自分が上から見ることが大切です。これが習慣的にできるようになると、どんな問題が生じてもスムーズな解決法に導かれます。

視点を変えれば出口が見える

悩んでいる時、煮詰まっている時、迷いが消えない時、イライラしている時、そういう時は視点を変えるつもりで高い所に行くといいでしょう。そこからダイブしてはいけませんが、普段、見慣れない風景をじっくりと眺めながら、自分が現在どの位置にいるのか、なぜ苦しんでいるのか、自身さえも将棋の駒の一つのように上から見ながらぼんやりする、その時間がとても貴重です。

どれだけの有名人でも、地球や大自然のスケールに比べると人間一人の存在なんて本当にちっぽけなものです。ちっぽけな存在同士が狭いエリアでごちゃごちゃ言い合っている、会社や家庭や地域というコミュニティはそういうものです。この悩みは、この苦しみは誰にもわからないだろう、そう周囲を遠ざけているのは実は自分だけではなく、周囲の人たちも皆同じだったりします。その点を認め合わないから、いつまでもケンカや衝突が絶えないのです。

自然の中に定期的に行くのがいいと言われる理由は、自分の力で行って帰ってくる点です。全身を動かす爽快感、自然との関わり、非日常性、いろいろなことを感じます。そこでは自分の視点が複数に広がります。

悩みというのは、「視点が固定」された状態です。

視点が固定してしまうと出口が見えません。視点が複数に広がる、つまりいくつもの視点が持てるようになると、いつの間にか解決策が浮かびます。自然はそのためのトレーニングの場を与えてくれるというわけです。

もっと言えば、外を散歩する、何か食べに行く、軽く運動する、誰かと待ち合わせておしゃべりする、何でもいいと思います。要は今の状態から離れることが大切です。離れないとストレスはどんどん増えます。

離れるというのは、それまでの視点を変えることでもあります。

治療においても、それほど猶予がない段階であることを理解して初めて前に進めることが多々あります。切迫した状況では、本人や家族がその事実を認めたがらないのも事実であり、それを伝えることはとてもナイーブで難しい部分があります。これを言ったらすべてが終わってしまう、そんな気持ちになる人もいるからです。

がんの告知でも、まだやることがあると考える人は「余命告知してほしい」と申し出られますが、気持ちとして受け取れない人にはがんであるという事実を告知するタイミングすら難しくなります。とてもデリケートな状況です。

だからこそ私は、自著で魂の話を書くのです。

魂は不滅であり、すべての人間が数え切れないほど転生すると信じています。この世とあの世の仕組みをある程度まで理解できれば、死に対する恐怖心は自然と消えるのではないでしょうか。恐怖は未知から生まれますから、私たちにとっての最大の恐怖を克服することができると思います。

基本は「おかげさま」と「お互いさま」

ちょっとした悩みなら誰かに相談して解決することもありますが、その相談がそもそも苦手だという人もいます。

周囲に上手に相談できる人は問題ありませんが、できない人は厄介です。いつまでも一人で鬱々と悩みを抱える人もいます。上手に相談できない人の周囲ではさまざまなトラブルが発生します。

相談がうまく機能しない状況には二つの背景があります。❶その人自身に問題があるケース、❷周囲に問題があるケースです。

❶に欠けているのは、「動く勇気」です。

たまに「どう相談していいのかわからない」という意見を耳にしますが、これは本人の積極性の欠如であって、「こんなことを相談すると恥ずかしい」という心配です。

知らないということは恥ずかしいことではありません。本当に恥ずかしいのは、実は知らないくせに知っているふりをし続けることではないでしょうか。知らないなら自分で調べるとか、その場で「教えてほしい」と言えばいいし、もし相談したいことがあるなら、自分から動けばいいのです。

自分から動くと、周囲はできる限りのことをしてくれるでしょう。動けないのは「動きたくない」と思っている証拠でもあります。どうして自分が動かないといけないのか、周囲が自分のために動けばいいと、根拠のないプライドで勘違いしていませんか。これではいつまでたっても何も解決しません。

さらにご年配の方は、自分が何でも知っていると思われたいがために、知らないのに聞けない、という向きがありますが、むしろ「知らないから教えて」「相談させて」と出ると、下の世代、つまり人生の後輩たちからむしろ尊敬されます。知らないことを知ろうとする好奇心と向上心があると思われるからです。

❷に欠けているのは、「配慮」です。

これは「お互いさま」という意識が欠乏している状況で生じます。これからはあらゆる世代で一人暮らしが増えます。身内よりもむしろご近所のネットワークが不可欠となり、そこに自治体が仕切り役として入る仕組みになっていくでしょう。都市部ではまだ、この機能が果たせていませんが、地方の特に限界集落においてはその仕組みが先行しています。

日本人は「お互いさま」あるいは「おかげさま」という言葉が好きです。お互いさま、おかげさまという言葉は日本人の気質を上手に表現しています。その言葉の意味が薄れたのは、GHQの個人主義思想と無関係ではありません。

特に大都市圏ではコミュニティ内でのネットワーク力が著しく低下しました。居住地域と自分たちをつなぐ絆が縁遠くなり、結果として「ご近所力」が弱くなっています。そこに問題意識を持ち、お互いさま、おかげさまの意識を再び持つことができれば、日本社会はかなり強くなると思います。

動けばきっと変わる

今、最も必要なのは動く勇気だと思います。

日本人は配慮という意識を、そもそも十分なほど持っているからです。

時代がまずい方向に流れているなと感じたら、まずは自分が動くしかありません。周囲を動かす、地域を動かす、そういう大きなことはいきなり考えず、社会の最小単位である自分、できれば家族、こういう小さな単位で配慮を持って動くことが重要です。その際、恥ずかしがらないことも大事です。

ちょっと話が逸《そ》れますが、生活保護を含む国や自治体からの援助を受ける際にも同じことが言えます。詐欺まがいでお金を騙し取る不届き者が存在する一方、本当に必要なのに恥ずかしがって手続きをせず困窮が深刻な方も少なからずいます。保護費は一時的なものという位置づけですから、恥ずかしがらずに申請しましょう。

こういう制度は国民・国家の相互扶助という仕組みに基づいて機能している制度です。まずは居住先にある自治体に相談してください。動けば必ず変わります。

借財や事故や人間関係で悩んでいるなら法律家に相談すればいいのです。

インターネットでも無料相談できるサイトが増えています。日弁連、あるいは日本司法支援センター「法テラス」でも無料の相談窓口を設けています（※詳細はそれぞれ公式サイトをご覧ください）。

自分が動けないことを周囲や世間のせいにする人もいます。会社なら上司が悪いとか部署が悪い、家庭なら配偶者が悪いとか親が悪い、といった具合です。他人のせいにするのはたやすい逃げですが、そこに大した原因はありません。動けないことの一番の原因は自分です。どういう環境であるにせよ、動かないことを決めているのは、ほかならぬ自分なのです。最終判断には他人が介入できません。

そういう方は、本来の「動く」というエネルギーが「（他人を）責める」というエネルギーへと転化されています。責めることは負のエネルギーです。

他人を動かすとか、周囲を動かすというのは容易なことではありません。言葉や態度でいくら示しても、動かない人は動きません。だから自分が動くことのほうが、どんな問題の解決のためにも早いのです。

政治家が何らかの疑義を他人のせいにすると世間から吊し上げられますが、あれと同じで、覚悟を決めて自分から動かない人に対して世間は冷ややかな視線で眺めます。

では、悩んでいる人がいたら、自分はお節介をすべきか、それとも放っておくべきか。その質問に対する答えは微妙です。ケースバイケースと言えば一番楽なのですが、これでは答えになりません。

「相手の気持ちを忖度《そんたく》しつつ、お節介の心は忘れず」

これがこの質問に対する私からの回答です。

悩みに関する相談は気軽に受けられるものではありません。そこには信頼関係が不可欠です。気安く受けるべきものではないし、自分のキャパシティ（能力）を超えるものに対する回答はできません。自分が適当に答えたことで相手の人生に影響を与えるような出来事は、誰の学びにもつながらないからです。

タイミングも難しいものです。

私が「お節介の心は忘れず」と述べたのは、悩みを持つ人に対する普段の観察があってこそ、という意味です。普段から気にかけているかどうか、少し離れたところから見守っていることが必要であり、それがあって初めて、相談された時にどれだけ相手の立場に立てるかが決まります。

普段から「私はあなたに関心があります」という気持ち（意識エネルギー）を送ると、相手にもそれが伝わります。つまりそのエネルギーを送っているかどうかということです。見守られているという愛情があれば、やがて本人も自分から動くことができるようになります。

直観を信じる

私たちは正直に行動することが大切です。カッコつけるとか、隠蔽《いんぺい》するとか、嘘をつくとか、自分を装ったところで結局は誰の学びにもならないからです。

私たちは他人に嘘はつけても、自分には嘘をつけません。

自分のことは騙そうにも意外と騙せません。顕在意識で「まあいいか」と思わせたにせよ、潜在意識では決していいとは感じていません。従って、その感情がどこかの場面で吐露されます。普段から自分に正直に行動すれば、目先の利益にはあずかれないかもしれませんが、本当の自分と軋轢《あつれき》を起こすことがないので、メンタルな面での苦しみを味わうことはありません。

そのためにも直観を信じる、もっと直観を見直すべきでしょう。

日常生活においては理性、つまり論理思考に偏ります。論理は論理で大切なのですが、それが主となってしまうと自分が本当はどうしたかったのかが見えなくなります。ちょっと誰かに相談する時でも、答えは自分の直観で出ているはずであり、単に肩を押してほしいだけという状況も少なくありません。私たちは知らないうちに直観で決めたはずの答えを、いくつもの論理展開をした上でようやく決めたのだと勘違いしています。

迷っている時には二つ三つの選択肢をそろえて考えたりしますが、どれを選んでも「選んだ時の自分の気持ちは常に正しい」という事実を知ると、選択する作業に余裕が出ます。そもそも直観で決まっていますから、どれを選んでも正しいわけです。もし仮に次があるのなら、そこで別の選択肢を選べばいい。ただそれだけの話です。

自分の気持ちに嘘はつけません。

やりたくない、嫌だと感じているにもかかわらず、誰かを喜ばせるために嘘をつきながら、あるいは世間体などを意識して仕方なく選んだものは、そのほとんどがよい結果を生みません。進学、就職、恋愛、結婚、プロジェクト、転職、何でもそうですが、「やりたくない」とか「それはちょっと」と思った時の感覚は大事にしたいものです。もちろん、自分の与えられた責務から逃げようとするわがままとは別です。

そうでないと、いつまでも潜在意識レベルで納得できない思いが残留し、それはどこかの時点で周囲にいる人々の心を破壊してしまうほどの激しい感情として発現します。身内や近しい人への罵詈雑言《ばりぞうごん》、あるいは体への暴力はその典型です。誰も笑顔になれません。

正直に行動する。周囲の評価を気にせず拒否する。その二つが大事です。

時には嘘も大事と言われますが、それもある意味で真理です。今そこにある大事な場を破壊せず、自分と相手の関係も破壊せず、大事にしたいという気持ちに立脚した方便《ほうべん》も生きていく上では必要でしょう。

でも、自分の意思を明確に問われる時、大事な決断をする時には、良心に従うことです。不毛な関わりは一切断ち切り、周囲が望むような人を演じようとしないことです。嘘をつかないというのは、自分だけでなく周囲へも正直であるということであり、どんな状況でもぶれないということなのです。

最も大切なのは「誰に相談するか」

相談という話が出た際に、「信頼できる友人や知人がいないもので」と口にする人がいます。それは本当でしょうか。

信頼できる友人がいないと判断しているのは本人であり、相手を信頼するかどうかも本人です。すべてはその人の中で起きている「感情の揺れ」であり、そもそも自分が信頼しないのに相手が自分を勝手に信頼してくれるはずがありません。ずいぶんと虫のいい話です。問題の解決を勝手に押しつけて「まだ解決してないじゃないか」と怒鳴り散らすのと同じです。

信頼とは、「任せられる気持ち」あるいは「信じられる気持ち」です。

何か困った時に心を打ち明けて、本音で話ができる状況です。信頼は一方通行ではなく双方向での関係です。

かつて日本を代表する一大企業グループを率いた某氏が父親から学んだ帝王学の中に、「人を信用するな」という言葉があったそうです。私はそこに強い違和感を持ちました。信用しない相手との間に、信頼し合っていない場に、ネガティブなエネルギーは存在してもポジティブなエネルギーは存在しません。

この世のすべてはエネルギーのバランスです。

Aという要素とBという要素が均衡することで場が成立します。人間関係も同じこと。普段から信頼できる関係を作っておく必要があります。それが「バランスを保っている」という言葉の深意です。

日本人は「騙されても騙すな」と教わります。たとえ騙されても、自分が誰かを騙すような側には回るなという格言です。世界には「騙されるくらいなら騙せ」と堂々と教える向きもありますが、それを否定する道徳として日本人らしい、いい言葉だと思います。人を信用するなという言葉には、騙されるくらいならという言外の意味を感じます。だから違和感があるのです。

相談は簡単な要件ならメールや電話でかまいませんが、大事な話であれば「対面」することが大切です。対面で得る情報を百とすると、ネットや電話で得る情報はとても限られているだけではなく、何よりもエネルギーに従った微妙なニュアンスが正しく伝わりにくいものです。ちなみに、情報とは相手と自分がその場で発する意識エネルギーの大きさであると同時に、さまざまな角度からチェックされた因子です。よく「会った時の感触」と言いますが、この言葉にはそれがよく表現されています。

医療現場でもそうですが、対面に勝《まさ》るコミュニケーションはありません。相談事はエネルギー交換の場ですから、互いのエネルギーをいかに効率よく交換できるかで、その場がどういう場になるのか決まります。

さらに相談は「数ではなく中身」です。つまり、量より質です。

SNSなどの発展で、今やパソコンやスマートフォンを持つ人の大半が何らかのコミュニティサイトに参加する時代となりました。

そこで起きているのが、「承認燃え尽き症候群」です。

これはちょっと病的で、知人や友人たちの「いいね！」や賛同コメントが欲しくて必死に投稿するのだけれど、いつの間にか投稿の中身ではなく承認の数を求めるようになってしまい、自らに強いストレスをかけた状態におちいってしまうからです。自分を承認してくれない相手に向かって敵意を持つ人も増えているというから厄介です。

この状況こそ、私たちが行う相談とまったく同じです。相談にせよ投稿にせよ、中身＝質が大事であり、どれくらいの人に相談したか、どれくらいの人が賛同したかという「数的事実＝量」の問題ではありません。百人に相談したところでまったく解決しないこともあれば、たった一人に相談しただけで即解決することもあります。

一番大切なのは、「誰に相談したのか」ということです。

自分が信頼している、相互の信頼関係を保っている相手なら、自分がどんな状況にあるかを把握していますから、返ってくるアドバイスや意見を信頼することができます。状況を把握していない相手とは信頼関係が成立しません。

許すも許さないもない

人生には予期せぬことが起きます。

いいことも悪いこともあるし、なんで自分が、と絶望的な気持ちになることもあれば、私でいいのか、とその幸運に戸惑いを感じることもあります。そんな場面ごとに感じる感情も多彩です。

良い感情はまるで微風《そよかぜ》のようにサーッと消えていきますが、悪い感情は胸の中にずしりと居座ります。サーッと流れてはくれません。その中でも特に重いもの、手放すことが難しい気持ちと言えば、「許せない」という感情ではないでしょうか。

恨みや憎しみや妬《ねた》みの源泉は、「許せない」という負の感情エネルギーで構成されていると思います。許せないという感情背景はさまざまですが、そこに共通するのは対象となる人に執着している心の状況です。皮肉ではありませんが、執着するエネルギーはすごいと思います。よくもそれだけ執着できるな、と逆に感心します。幸いにも私は昔からこだわりや執着が薄かったせいで、どうにも許せないということがありませんでした。

とはいえ、普通の人間ですから、頭にくることくらいあります。そういう時でも「しょうがないか」と感じます。相手の感情は操作できません。これはそういう場なのかな、そういう相手なのかな、そういう時期なのかな、そんなふうに考えるようにしています。

強い不快感を抱いた時は相手を憐《あわ》れみます。さらにどう庇《かば》ったところで明らかに相容れない人間は世の中に大勢いますから、そういう人とは決して同調しないというのが私自身の処世術です。彼らも彼らで学びの時期なのです。

❶人間は誰しも成長する過程にある。
❷成長とは学びであり、学びは自己の経験を通してしか得られない。
❸成長のスピードは人それぞれである。

❹世間は意識の進化した人、意識の進化していない人などさまざまいる。
❺しかし、そこに優劣などは存在しない。
❻互いに成長過程にある事実を認め合うことが重要。

これが私の見解です。だから本来、許すも許さないもありません。

許せないという感情の決着点として、退職するとか、離婚するとか、転居するとか、自らのポジション変更もあると思います。それで自分の中に巣食った負の感情が減る、消えるのであれば、それも解決方法です。ストレスの温床だった場から離れると、環境が変わります。環境が変わると受ける情報が変わりますから、結果として気分が変わります。新しい気分で次に踏み出す、つまりリセットができるのです。

逃げるな、負けるな、耐えろ、そこで必死に頑張れ、そう言い張る人もいますが、そこで必死に頑張った結果、当人が潰れても誰も責任をとってくれません。言葉にこだわるなと先述しましたが、言葉もそれを発した人も一切の責任を負わないという事実は、常に頭の片隅に置いておきたいものです。

人は、誰かのおかげで生きている

自分の力と他人の力のバランスが生活する上でどうあるかでも、小さな悩みが大きくなったり、大きな悩みが小さくなったりします。

自分の力はその名の通り「個人の力」です。他人の力は「他人たちの力」です。他人の力を重視する人ほど世の中を強く渡っていける人はいません。自分の力だけで何とかしようとする人以上に人生のサバイバルに強いのが、他人の力の持つ潜在パワーを知っている人です。

本当の他人の力を知っている人は、周囲への感謝の心を持っています。自分ができないことを他人にお願いする、第三者に頼るわけであり、そこに感謝がなければ他人の力は得られません。うまく立ち回ってその場は助けを得られたとしても、以後の信用はなくなるでしょう。他人の力のパワーを知る人は、世の中がすべてエネルギーの循環で成り立っている事実を知っているのです。

よく「他力本願な人だ」と他者を見て口にする人がいますが、感謝しながら他人の力を活用しているのであれば、別にいいと思います。そこに感謝がなければ、あとあとマイナスの力が自分に返ってくるだけです。これが「報《むく》い」です。

もちろん、自分で何とかできるのならそれに越したことはありませんが、すべてが自分一人では完結できません。そもそも社会は複雑化しており、そこは役割分担だと割り切らないとストレスが溜まります。

仕事においても自分が得意なこと、やるべきことがある一方、他人が得意なこと、やるべきことがあります。そこで他人の力を活用するというわけですが、その背景には次の三つがあります。

❶自分が不得手・不得意なこと。

❷やろうと思えばできるが、心身面で余裕がない状況がある。
❸第三者の学びのため。

この「第三者の学びのため」というのも大事です。

仕事の現場の話となりますが、どんな職業でも上司・管理職になると部下ができます。部下を監督・指導する立場が上司ですが、そこで必要なのは「経験を積ませる」という仕事です。


考えてみると、私たちが今こうして生きているのは、膨大な他人の力のおかげです。食べるもの、着るもの、読むもの、移動手段、雨風をしのぐ空間など、自分の力では決して成し得ないパワーのおかげで生きています。人生はまさにおかげさまの連続です。

さまざまなクレームが話題になることも増えましたが、自分の力と他人の力がちゃんと理解できれば、また、そこを素直に客観視できれば、何事も騒ぎ立てることはありません。仮に何か粗相《そそう》があったとしても「生きていればお互いさま」という視点で見れば、受け入れられるのではないでしょうか。

古来、日本人には「喧嘩《けんか》両成敗《りょうせいばい》」という意識が備わっていました。お互いに気をつけましょうと頭を下げれば、そこでほとんどのトラブルが解決します。お互いさま、おかげさまの心がわからないと、どうして自分が頭を下げるのか、絶対に許さないという負の感情が爆発するのだと思います。

医師が他人の力を感じる瞬間とは

医療の世界は「他人の力の集合体」です。

救急を例にとると、町のどこかで倒れた人が助かるかどうかは、まずそこに居合わせた人がどの程度の手当て、つまり応急処置ができるかどうかにかかっています。さらに誰かが一一九番通報して救急車の出動を要請します。東京都を例にとると、要請を受けた消防庁の担当者は、最寄りの消防署に出動を要請します。ここまでを見てもかなりの他人の力が動いていますが、そういう仕組みは普段、実感することがないと思います。

病院に運ばれても検査できなかったらアウトですし、手術するにも手術室が空いていなかったり、道具や薬品や機器がなければアウトですし、カルテを管理する医療情報システムがなければアウトですし、病室を構成するベッドやリネン類などがなければアウトですし、食事を作ってくれる人がいなければアウトですし、院内で出る膨大なごみを捨ててくれる専門業者がいなければアウトです。医療とか病院は医師と看護師だけで成り立っているようなイメージが強いと思いますが、そんな単純な世界ではなく、想像以上に役割分担された世界なのです。ちなみに今挙げた要素もほんの一例です。

そんな私たち医師が、特別な他人の力を感じる瞬間があります。

患者さんやその家族に「ありがとう」と言われる瞬間です。どんな仕事でも同じような瞬間があるでしょう。たとえ十分ではなかった内容であるにせよ、ありがとうと言われると、こちらが逆に助けられたような気にもなります。

医学部を卒業した昭和五十年代、私が当時働いていた小さな救急病院は、夜は医師が一人、昼も一人か二人という状況でしたので、今であれば助けられるような症例でも亡くなられてしまうことがありました。特に患者さんが若い人となると、医師として「こんなことでいいのか？」と煩悶《はんもん》します。いくら最善を尽くしても助けることができない人がそこにいるわけです。

亡くなった後、家族に説明すると、「よくしていただき、ありがとうございました」と頭を下げられました。若かった私はそこに申し訳なさを抱きつつも、仕方がないのだという眼前の事実を受け入れようとするご家族の心がまえに頭が下がりました。

感謝されたいからやっているわけではありませんが、どこかでその言葉が出ると、何か人のために役立ったのだと実感します。就業形態にもよりますが、医師の多くは労働基準法が適用されないと揶揄《やゆ》されるほどの状況で日夜患者さんの診療に当たっています。想像以上に厳しい条件下での勤務において、たったひと言が仕事の原動力になることも多いのです。

何だそんなことか、とお思いになるかもしれませんが、そういう時に感じた気持ちこそ、また頑張ろうと思う活力となります。

医療の世界には「後医《こうい》は名医」という言葉があります。最初に診《み》た医師よりもあとに診た医師のほうが正しい診断をする、ということです。これも見方によっては他人の力を体現した言葉だと感じます。

医療の世界は時間を追うごとに新しい情報が出るものです。初見《しょけん》（最初の見立て）でわからないことが結構あるものです。

この症状はこういうことだと説明していたものが、数時間、あるいは数日経って、実はこうだったということは、医師なら山のように経験しています。初見でわからなかったことが悪い結果につながると、誤診と呼ばれるわけです。

最初の見立てが限定的であればあるほど誤診に近づきますが、だからと言って可能性を広げすぎて診断すればいいものでもありません。可能性の高い疾患についてAという可能性もあるしBの可能性もありますと複数の可能性を説明します。その可能性を割り出すためにも他人の力の活用が不可欠であることは言うまでもありません。

あの世では「愛」の質が変わる

あの世で先に他界した人とまた会えますから、と私が説いても、所詮は再現性のない世界ですから、心の底から納得できる人はわずかでしょう。

私たちの中から死に対する恐怖感が消えないのは、あの世なんてないのだとどこかで信じているふしがあるからです。信じる信じないはその人の自由意思ですから、私がとやかくいう話ではありませんが、何らかのきっかけ、それが事故や病気なのか、あるいは何かの拍子に肉体から抜け出てしまうのかわかりませんが、何かのきっかけであの世に対する好奇心や安堵《あんど》感が芽生えると、以後の人生が楽になることは確かです。

他界した人たちはお互いあちらの世界で会うことは自由なようです。

私たちが暮らすこの世とあの世はまったく違って、あの世は出自、資産、権威、地位、名声や名誉といった三次元的な基準では分類されないようです。そこはエネルギーの同調で成立する世界であり、それぞれの魂の性質で集団ができているようです。

長年、一緒に家族として暮らした人が他界すると、心に大きな穴が開いてしまったかのような気持ちになり、心が傷んだ期間が長くなりすぎて社会復帰できない場合もあります。成仏を心配するとか、いつまでもメソメソするのは他界された方を心配させてしまい、これは現世の人間がしてはいけないことです。後ろ向きな気持ちは、時間の助けも借りながら薄める必要があります。

あの世は肉体的・物理的な世界ではありませんから、私たちが今この世界で感じているような愛情とは質が異なるようです。

あの世では魂が進むほど執着が消え、愛に関しても個人的な感情ではなく、「全体愛」へと向かうという話です。肉体という変換機、フィルターが取れますから、プラトニック・ラブをさらにハイレベルにしたような超意識の覚醒なのでしょう。魂も波動、つまり周波数というかその人の持つエネルギーごとに細分化されているようです。魂は何らかの

「気づき」を得ると、より高い次元へと向かうと言われますが、仮にその次元に留まっていたいと思えば、いつまでもずっとそこにいられるそうです。

このあたりの詳細に関しては、日本の心霊科学研究における泰斗《たいと》と呼ばれる浅野和三郎さんが書かれた『小桜姫物語』（潮文社刊）に詳しいので、ご興味があれば一度お読みください。

過去を悔やむのではなく、今を生きる

未来はいかようにも作れるものであり、過去はいかようにも変えられるものです。どの時点からでもスタートできます。年齢やキャリアや性別などに囚われることはありません。

大切なのは、今この瞬間です。古神道で言うところの「中今《なかいま》」です。

ずっと変えることができなかった考え、価値観、思い、そういうものは今この瞬間、自分が違う視点を持つことで変えられます。固着していたイメージでさえも「これまでの自分は捨てる」と決めれば、その瞬間に新しいイメージを自在に作ることができます。

私たちは何者でもありません。

そして同時に、何者にでもなれます。

何かで悩んでいる時は、自分に限界を作っている状態です。勝手に足枷《あしかせ》をはめて、やる気に制限をかけているだけです。だから気持ちに巣食っている制限を外せばいいのです。失敗したらどうしよう、うまくいかなければ恥ずかしい、そんな制限、つまりマイナスのエネルギーは必要でしょうか？

私たちが転生を繰り返しているのは、さまざまな人生のエピソードを体験するためです。失敗しても、恥ずかしい思いをしてもいいではありませんか。今そこで躊躇している経験は、二度とできません。似たようなエピソードが以前に登場していたとしても、中身が違います。実は貴重な経験なのです。

そのためには自分が動かなければなりません。自分を経営するのは自分だけ。周囲に相談することは自由ですが、最終決定権を持つのは自分です。

今を辛抱すれば、とか、今だけ我慢、という言葉が日本人は好きですが、今を犠牲にすることはありません。

山本常朝《つねとも》（鍋島藩士、『葉隠《はがくれ》』の口述者）の言葉で「武士道とは死ぬこととみつけたり」というのがあります。この言葉に始まる常朝の伝えたいことは、生活のすべてに対して心がまえをする、普段からすべてを受け入れる姿勢を持つ、ということです。病気で急に死ぬかもしれない、戦《いくさ》が始まるかもしれない、家族に何かあるかもしれない、そういう不測の事態に動揺しないための「道」です。

これも今を大事にすることにつながります。

この言葉をより現代的に言えば、仕事でも家庭でも、友人関係でも趣味でも、今を一生懸命に生きよう、ということです。努力して未来に備えたり、蓄財したりすることも大切かもしれませんが、努力そのものを楽しめばいい、ということです。努力は自己犠牲の上に成り立つもの、努力は苦しいもの、そういう考え方は今すぐ捨てればいいのです。

過去を悔やむ時間があるなら、未来を心配する余裕があるなら、今から何をやろうか、どこへ行こうか、誰と会おうか、などとやりたいことを想像してみてください。あれこれと想像するうちに、悶々《もんもん》と抱える悩みは時間の谷間に堕《お》ちて見えなくなります。あなたの人生に、価値のない出来事やエピソードなど存在しません。谷間に堕ちた悩みでさえもが、いつの日か語れる話として浮上してくるものだと思います。

謝辞

最後になりましたが、この本を出版するにあたり、せちひろし事務所の瀬知洋司さん、友人の赤尾由美さん、稲葉俊郎くんにたいへんお世話になりました。

ここに深謝いたします。

［著者］
矢作直樹（やはぎ・なおき）
1981年、金沢大学医学部卒業。その後、麻酔科を皮切りに救急・集中治療、内科、手術部などを経験。1999年、東京大学大学院新領域創成科学研究科環境学専攻および工学部精密機械工学科教授。2001年より東京大学大学院医学系研究科救急医学分野教授および医学部附属病院救急部・集中治療部部長。現在に至る。
著書に、『人は死なない』（バジリコ）、『天皇』（扶桑社）、『いのちが喜ぶ生き方』（青春出版社）、『おかげさまで生きる』（幻冬舎）、『お別れの作法』（ダイヤモンド社）などがある。

悩まない
——あるがままで今を生きる

2014年7月25日　第1刷発行
2014年9月29日　第6刷発行

著　者——矢作直樹
発行所——ダイヤモンド社
〒150-8409　東京都渋谷区神宮前6-12-17
http://www.diamond.co.jp/
電話／03·5778·7234（編集）　03·5778·7240（販売）
装幀————森裕昌
写真撮影——ただ（ゆかい）
構成————瀬知洋司
編集協力——野本千尋
DTP制作——伏田光宏（F's factory）
製作進行——ダイヤモンド・グラフィック社
印刷————八光印刷（本文）・加藤文明社（カバー）
製本————川島製本所
編集担当——酒巻良江

ISBN 978-4-478-02722-6